Vollmond über Bangkok

Georg Müller

Vollmond
über Bangkok

© Juli 2008 - Georg Müller
Alle Rechte vorbehalten
Coverbild: Liza Reich
Coverkonzeption, Gestaltung: Anna Khordykova
Satz: Anna Khordykova
Herstellung und Verlag: Books on Demand GmbH, Norderstedt
ISBN-13: 978 3 8370 4167 5

Inhalt:

In 1997, 1998 und 1999 habe ich in Chiang May und Bangkok Vipassana[1] Kurse geleitet, deren Klientel jeweils zu etwa einem Viertel aus Hotelangestellten und Reiseführern und zu drei Vierteln aus Frauen aus dem horizontalen Gewerbe bestand. Angesichts dieser spezifischen Klientel dachte ich mir damals: „Bevor wir uns all zu sehr auf das Nirwana vorbereiten, sollten wir uns zunächst einmal auf ein langes Leben vorbereiten" und beendete jeden Tag mit einem kleinen Vortrag darüber, wie wichtig es ist, bei der Arbeit Kondome zu benutzen. Wir haben das Thema ausführlich diskutiert. Dabei habe ich einen einigermaßen differenzierten Einblick in die Funktionsweisen, Vorgehensweisen und Praktiken des Gewerbes gewonnen; und in die Gedanken, die dort gedacht werden.

Es existierten beispielsweise Vorstellungen, wie: Wenn man Geschlechtsverkehr ohne Kondome hatte, muss man am nächsten Tag in den Tempel gehen, und man wird von der Infektion gereinigt. Oder: Man muss Whisky trinken, und zwar den guten amerikanischen, nicht den billigen thailändischen, und dann ist alles in Ordnung.

Die Mädels äußerten sich empört darüber, dass die Farangmänner[2] keine Kondome mitbrachten, wie das in Thailand

---

1. Vipassana ist die Meditationsmetode, die Buddha vor zweieinhalb tausend Jahren für seine Schüler entwickelt hat.

2. Farangs sind weißhäutige, langnasige Fremde aus dem Westen, Europa, Nordamerika oder Australien.

üblich sei. Ich erklärte Ihnen, dass sie das von den Farangs nicht erwarten könnten, weil im Westen die professionellen Damen die Kondome in der Tasche hätten und die Männer deshalb erwarteten, dass es in Thailand genauso wäre.

„Und wenn die Männer erwarten, dass die Frauen die Kondome mitbringen und die Frauen erwarten, dass die Männer die Kondome mitbringen, dann ist es kein Wunder, wenn beide dann im Hotelzimmer ohne Kondome ankommen, und das ist lebensgefährlich."

Mit der Autorität des Vipassana-Lehrers erklärte ich frei nach Bodhidharma:
„Whisky ist ein sehr brauchbares Mittel um besoffen zu werden; in den Tempel gehen ist ein gutes Mittel, um gutes Karma zu erzielen; Vipassana ist ein gutes Mittel, die Ursache des Leidens, das Ego zu überwinden, aber nicht gegen AIDS. Das einzig brauchbare Mittel gegen AIDS sind Kondome. Und es genügt nicht, sie in der Tasche zu haben. Man muss sie auch wirklich benutzen, und zwar dann, wenn man Geschlechtsverkehr hat, und zwar jedes Mal, egal, ob oral, anal oder vaginal."

Jeden Abend, bevor die Mädels zur Arbeit gingen, überreichte ich jeder feierlich und persönlich eine Hand voll Kondome mit den Worten:
„Bitte, benutze sie. Wenn ich nächstes Jahr wiederkomme,

möchte ich dich gerne lebendig und gesund wieder treffen. Du bist so wunderbar und so wichtig."

Ich weiß nicht, ob es meine Autorität als Vipassana Lehrer war oder weil ich ein so beeindruckender weißer Riese mit einer so langen Nase bin, die Mädels glaubten mir. Sie waren tief berührt davon, so wichtig genommen zu werden und begannen, sich und ihr Leben selbst so wichtig zu nehmen, dass sie die Kondome auch wirklich benutzten. Und sie versprachen, in Zukunft sich immer rechtzeitig welche zu besorgen. Es war so leicht, sie zu beeinflussen und damit einem wirklichen Übel vorzubeugen.

In den zehn Jahren seitdem habe ich dies immer als ein lohnendes Arbeitsfeld für mich betrachtet, falls meine persönlichen und finanziellen Lebensumstände das einmal erlauben sollten. In 2007 zeichnete sich eine Möglichkeit ab, dass es eventuell starke Verbündete geben könnte, die mir diese Art von Arbeit ermöglichen würden.

Meinen nächsten Besuch in Bangkok in 2008 trat ich deshalb mit der Absicht an, herauszufinden:
1. wie es inzwischen um die AIDS-Prävention bestellt ist
2. wie und wo diese Arbeit einsetzen könnte
3. ob es eventuell Schwierigkeiten geben könnte, wenn ein Fremder sich in „innere thailändische Angelegenheiten" einmischt. Unter Farangs pflegte man sich zu erzählen, dass die

Regierung von Thailand die Auffassung vertrete, dass es in Thailand keine Prostitution gäbe. Was passiert also, wenn ein Fremder sich in Angelegenheiten einmischt, die es gar nicht gibt?

Chiang May, 13. Januar

Der Zoo ist groß. Wir gehen lange Parkwege von Gehege zu Gehege, von Käfig zu Käfig. Die vier Mädels gehen vor uns her, reden, lachen, sind ganz und gar mit sich selbst beschäftigt.
„Schau, wie der guckt, was ist das für ein Tier?"
„Wart 'mal, hier auf dem Schild steht „…Zwergschimpanse…"
„Wow, sind die lustig, und da, schau da, da sind die Großen. Die haben gerade Mittagessen."

Die vier Mädels sind meine Tochter Naen, 21, und ihre drei Cousinen Leg und Yay, beide 26, Zwillinge, und Bowling, 30. Wir sind schon zum zweiten Mal hier. Jedes Mal darf Naen sich aussuchen, wo wir gemeinsam Urlaub machen könnten. Und jedes Mal will sie nach Chiang May zu ihren Cousinen, und alle vier haben eine wunderbare Zeit miteinander.
„Schaut, die Koalabären – um 3 Uhr spielen sie Fußball, steht hier."
„Wie lang ist das noch?"
„Zwanzig Minuten. Wollen wir so lange warten?"
„Ja, unbedingt. Das würden wir ein Leben lang bereuen, wenn wir uns das entgehen lassen würden."
Und sie warten, reden, lachen, freuen sich über alles und

jedes, wie der Bär den Bambus schält und das Innere frisst und wie die Bärin aufwacht, gähnt, sich reckt und streckt und langsam vom Felsen herunterkommt.

„Schau, genau wie ich, wenn ich aufwache!"

„Ja, nur bleibst du viel länger liegen, und wenn du zum Frühstück Bambus essen würdest, hättest du keine Probleme mit der Figur."

Ich sage zu Tig: „Bei uns in Deutschland kann man mit einem Zoo-Besuch vielleicht Teenagern noch eine Freude machen, aber wenn sie erst 'mal über zwanzig sind, haben die Mädels nur noch Discos und Jungs im Kopf, keine Schimpansen und keine Koalabären."

„Ach ja? Nein, hier bei uns ist das nicht so. Sie lieben den Zoo, die Tiere, die Blumen und Blüten und sie lieben es, das alles gemeinsam zu erleben. Schau, wie sie sich freuen."

Wenig später füttern wir eine Giraffe mit Bananen. Ein aufregendes Erlebnis, wie sie die Vorderbeine spreizt, den Körper nach hinten und den langen Hals nach vorn schiebt, um an die hochgehaltene Banane heranzukommen. Und wie dieses riesige Tier mit seinen großen Lippen die Banane so sensibel von der Hand wegzieht – nein, sie beißt nicht in die Hand, berührt sie nicht einmal. Und alle sind stolz, sich getraut, die Mutprobe bestanden zu haben.

Hinterher im Auto, Bowling fährt, spielt mit ihrem Hund Calling, telefoniert mit einem Kunden und spricht mit allen im Wagen, und das alles gleichzeitig. Und dabei ist sie vollkommen entspannt und heiter. Sie betreibt einen Wein-großhandel. Kein Wunder, dass ihre Geschäfte gut gehen.

Abends gehen sie auf den Markt. Eine neue Bluejeans, ein T-Shirt, eine Haarspange und ein Gürtel mit viel Glitzerzeug, neue Wimperntusche.

„Wir können sie allein gehen lassen," sagt Tig, „wir brauchen uns keine Sorgen zu machen, Bowling hat mir versprochen, Naen pünktlich vor Mitternacht bis ins Hotelzimmer zu bringen, wir können ihnen vertrauen."

Naen studiert noch, ihre drei Cousinen haben die Universität schon abgeschlossen und sind, jede in ihrem Beruf, erfolgreich. Alle vier leben ein unbeschwertes, freudvolles Leben.

Bangkok, 15. Januar

Heute will ich möglichst viel darüber herausfinden, wie es um die AIDS-Prävention steht. Mein „Untersuchungsfeld" soll der Biergarten in der Sukhumwit Soy[3] 7 sein, den ich schon seit dreizehn Jahren kenne, von da kam damals meine Klientel. Ich werde zunächst Mädels interviewen, damit habe ich Erfahrung, später auch Jungs. Den Mädels werde ich respektvoll begegnen. Das ist erstens sowieso meine Art, und zweitens weiß ich aus Erfahrung, dass sie dann sehr offen sind

---

3. Eine Soy ist eine Seitenstraße.

und bereit, mir alles zu erzählen, was ich wissen will.

„I know my song well, before I start singing." (Bob Dylan)

23:30 Uhr

Ich gehe in den Biergarten. Vor zehn Jahren war dieser Biergarten noch vorwiegend Biergarten. Tische, Bänke, man aß, man trank, viele Touristen von TUI und Neckermann kamen hierher. Aber es kamen auch ein paar Mädels, die es darauf abgesehen hatten, mit Farangmännern in deren Hotelzimmer zu gehen und sich so ein paar Baht zu verdienen. Es gab auch eine kleine Bar, eine Holzbude, in der man Tickets aller Art kaufen konnte für Reisen zu Wasser, Land oder Luft, und es gab einen dreisprachigen Papagei. Auf Thai sagte er: „Pai glai glai", auf Englisch sagte er „Go away" und auf Deutsch sagte er „Hau ab", was alles so ziemlich genau das gleiche bedeutet.

Die Inhaberin des Reisebüros war es, die damals meine Vipassana-Kurse angeregt und organisiert hatte, und wenn ich manchmal abends an einem der Tische auf sie wartete, blieb es oft nicht aus, dass plötzlich ein Mädel auf meinem Schoß saß.

„Hello, how are you?" Ich schaue sie an.

„Hello, and how are you?"

Da ihre Englischkenntnisse damit schon meistens erschöpft sind, kann sie nicht antworten, nur zurückschauen. Und ich sehe wie durch eine ganz dünne, transparente Hurenmaske hindurch einen wunderschönen, liebenswerten Menschen. „Wo kommst du her?" Und fast alle kamen aus Isan, dem Nordosten des Landes, der ärmsten Gegend Thailands. „Leben deine Mutter und dein Vater noch dort? Und hast du Geschwister, und was machen sie?"

Und sofort fingen sie an zu erzählen von zu Hause, von ihrem Leben. Ein Farang, mit dem man reden konnte, weil er ihre Sprache sprach, das war etwas Besonderes. Und so erzählten sie und öffneten ihr Herz, und wenn ich dann sagte: „In drei Tagen beginnen wir einen Vipassana- Kurs, willst du mitmachen?" Dann waren sie sofort dabei. „Ja, da will ich gerne mitmachen."

Jetzt ist der Biergarten kaum noch Biergarten. Von den ca. fünfzig Tischen sind nur noch fünf übrig, zu der einen kleinen Bar sind vier riesige Bars hinzu gekommen, Papagei und Reisebüro sind verschwunden, die TUI und Neckermann Touristen auch. Die Musik ist sehr viel lauter, die Lichter sind dunkler geworden, statt der zwanzig Mädels von damals sind jetzt zweihundert da, und einhundert Jungs. Der Ort dient nur noch einem sehr eindeutigen Zweck, dem Kontaktmachen.

Ich setze mich an einen Tisch hinten rechts, wo es zu den Toiletten geht, da ist am meisten Durchgangsverkehr. Hinten, wo die Toiletten sind, hängt ein Kondomautomat, aber er hängt ganz hinten, am Eingang zu den Damentoiletten, die „Herren" kommen hier nicht vorbei. Ein Mädel kommt zu mir an den Tisch, fragt sehr höflich, beinahe schüchtern, ob sie sich zu mir setzen darf. Ich mache eine einladende Handbewegung, sie setzt sich.

„Entschuldige bitte, ich suche jetzt keine Frau, meine Freundin wartet im Hotelzimmer auf mich. Aber ich würde mich sehr freuen, mich ein wenig mit dir unterhalten zu können."

„Ja".

„Was möchtest du trinken?"

„Ich bin nicht durstig."

„Aber mit einem Drink kann man sich besser unterhalten, man hat etwas, woran man sich festhalten kann."

Sie lacht: "Okay, ich nehme Zitronensaft." Wir bestellen.

„Wie heißt du?"

„Ich heiße Poon. Und wie heißt du?"

„Ich heiße George".

„John."

„Nein, nicht John, sondern George. Ich weiß, für Thailänder ist es sehr schwer, das auszusprechen."

„Joohn, Joohn – tsch – Johtsch - ja, sehr schwer."

Wir beide lachen.

„Aus welchem Land kommst du?"

„Ich komme aus Deutschland."

„Aha, aus Deutschland, das ist in Europa, nicht wahr?"

„Ja, das liegt mitten in Europa."

„Das ist weit weg. Arbeitest du hier?"

„Nein, nicht hier, ich arbeite in Deutschland."

„Aha, du machst hier Urlaub?"

„Ja, ich komme meine Tochter besuchen, sie studiert an der Rang Sit Universität, ihre Mama ist meine Freundin."

„Wie alt ist deine Tochter?"

„Sie ist 21."

„Ist sie schön?"

„Ja, sehr schön, und sehr intelligent."

„Du hast sehr viel Glück."

„Ja, danke, ich liebe meine Tochter sehr."

„Ist deine Freundin Thailänderin?"

„Ja, und meine Tochter auch."

„Wie kann deine Tochter Thailänderin sein, wenn du Deutscher bist?"

„Sie ist erst seit acht Jahren meine Tochter. Wir trafen uns zum ersten Mal, als sie schon dreizehn war, und sie wünschte sich so sehr einen Vater, und ich wünschte mir so sehr eine Tochter, da haben wir beschlossen, einander Vater und Tochter zu sein."

„Du hast ein gutes Herz."

Ich falte die Hände, schaue sie an: „ Ich danke dir sehr."

Nach einer kleinen Pause: „Wo kommst du her?"

„Aus Udon Thani."

„Das liegt in Isan, nicht wahr?"

„Ja, ganz nahe an der Grenze zu Laos."

„Wie alt bist du?"

„28, und ich bin Pi" (Erstgeborene).

„Du bist Pi? Dann hast du jüngere Geschwister?"

„Ja, zwei Brüder und eine Schwester, und zwei Kinder, Jungs, acht und neun Jahre alt. Sie gehen in die Schule. Sie sind jetzt bei meiner Schwester."

„Liebst du sie sehr?"

„Ja, sehr, aber ich kann nicht bei ihnen sein, weil ich hier arbeiten muss."

„Warum sind sie nicht beim Vater?"

„Sie haben keinen Vater. Ihr Vater ist zu anderen Frauen gegangen und hat zu viel Whisky getrunken und zu wenig Geld nach Hause gebracht. Da habe ich mich von ihm getrennt. Er hatte kein gutes Herz."

„Deine Brüder, was machen deine Brüder?"

„Der eine repariert elektrische Maschinen in einem Maschinengeschäft, Kühlschränke und Ventilatoren. Der andere baut Reis an. Beide verdienen nicht genug, ich muss ihnen helfen. Meine jüngere Schwester arbeitet in einem Büro, sie kommt ganz gut zurecht."

„Leben dein Vater und deine Mutter noch?"

„Nein, beide sind schon gestorben, meine Mutter erst vor zwei Jahren. Wir haben sie sehr gut pflegen können bis sie starb, und wir haben ihr eine sehr schöne Totenfeier bereiten können, wir haben sie gewaschen, ihr ein schönes Kleid angezogen und sie in saubere Tücher gehüllt. Es gab gerade sehr viele Blumen auf dem Feld, und wir haben sie über und über mit Blumen bedeckt."

Tränen treten ihr in die Augen.

„Es war sehr schön."

„Ich kann mir das gut vorstellen."

„Leben deine Eltern noch?"

„Nein, meine Eltern leben schon lange nicht mehr. Mein Vater ist 93 geworden."

„Das ist sehr alt. Hat er Schmerzen gehabt?"

„Nein, er ist einfach eingeschlafen und nicht wieder aufgewacht."

„Du hast viel Glück. Hier in Thailand werden die Menschen nicht so alt. 60 Jahre, nicht viel mehr."

„Was langes Leben angeht – wenn du mit einem Mann gehst, benutzt du dann Kondome?"

„Ja."

„Jedes Mal?"

„Ja."

„Hast du Kondome in der Tasche?"

„Ja."

„Immer?"

„Ja."

„Würdest du sie mir zeigen?"

„Ja."

Sie greift in ihre Handtasche und zieht eine Packung Kondome hervor. Drei Stück, ungeöffnet.

„Das ist sehr gut, wie du dich um deine Sicherheit sorgst. Ich freue mich sehr, dich getroffen zu haben. Machen die anderen Mädels hier das genauso wie du?"

„Ja."

„Arbeitest du jeden Tag hier?"

„Nein, nur sonntags. Von Montag bis Samstag arbeite ich in einer Küche am Flughafen. Aber das Geld reicht nicht aus, deshalb komme ich sonntags hierher."

„Seit wann machst du das so?"

„Seit zwei Jahren, seitdem meine Mutter gestorben ist."

„Geht das Geschäft gut?"

„Nein, oft finde ich keinen Kunden, nur ein oder zweimal im Monat."

„Wohnst du weit von hier?"

„Ja, am Ende der Sukhumwit, in der Mitte zwischen hier und dem Flughafen."

„Was kostet ein Taxi bis dorthin?"

„Das ist sehr teuer, mehr als hundert Baht. Ich fahre immer mit dem Bus, zehn Baht."

„Ich bin sehr müde und möchte zurück ins Hotel gehen. Es hat mir sehr viel Freude gemacht, mich mit dir zu unterhalten. Darf ich dir ein wenig Geld geben für ein Taxi?"

Ich gebe ihr zweihundert Baht. Sie ist überrascht, sie freut sich, sie bedankt sich sehr höflich, mit zusammengelegten Händen. Ich nehme sie einen Moment in den Arm. Sie ist so klein, fast wie ein Kind.

„Ich mag dich sehr, es war wunderbar, mit Dir zu sprechen."

„Ich habe mich auch sehr gefreut."

„Ich danke dir und wünsche dir viel Glück."

„Ja, danke, und dir auch viel Glück."

Ich gehe. Der Biergarten ist jetzt fast leer, sie schließen.

Etwas später sitze ich im Ginaree, meinem Lieblingscafe an der Soy 11, Open Air, ca. 50m von der Sukhumwit entfernt. Von hier aus habe ich einen guten Überblick über das Leben auf der Straße. Es ist ein wunderbarer Platz zum Nachdenken.

Das sind zunächst einmal gute Nachrichten:

1. Sie sagt, sie benutzt Kondome.
2. Und zwar jedes Mal.
3. Sie sagt, sie hat Kondome in der Tasche.
4. Und zwar immer.
5. Sie hat tatsächlich Kondome in der Tasche.
6. Sie sagt, die anderen Mädels machten das auch so.

Ich mache diese sechs Punkte zu meinem Fragenkatalog. Das ist das, was ich zunächst einmal wissen will. Dieser Sache will ich auf den Grund gehen, wenigstens bis auf den Grund der Handtaschen. Weiter wird mich interessieren, ob und wie die Kondome an den Ort der Handlung, das sind hier die Hotelzimmer, gelangen, und ob sie dort auch zum sachgerechten Einsatz kommen.

Ein paar andere Informationen notiere ich mit, ich weiß noch nicht, warum, aber wenn man schon einmal Informationen hat, kann man sie auch aufschreiben, das schadet ja nicht: Alter, Herkunftsgegend, wie oft und seit wann sie hier arbeiten, und wie die Geschäfte gehen, und ob sie Pi (Erstgeborene) oder Nong (Zweitgeborene) sind.

Ich weiß, richtige Empiriker entwickeln ihren Fragebogen vor der ersten Befragung, und richtige Empiriker wollen nicht wissen, wie Poons Mutter gestorben ist, und sie sind stolz darauf. Ich bin kein richtiger Empiriker, ich habe da keinen Ehrgeiz.

Ich denke mir, dass Poon mir nicht davon erzählt hätte, wenn es ihr nicht wichtig gewesen wäre. Und ich will ja nicht nur das wissen, was ich wissen will, sondern auch das, was sie mir sagen wollen, und es mag ja sein, dass das, was sie mir sagen wollen, das, was ihnen wichtig ist, sich am Ende als viel interessanter erweist. Ich bin bereit, mich überraschen zu lassen.

Bangkok, 16. Januar, ca. 17:00 Uhr

Ich sitze mit Oey an der Bar, die heute nicht so voll besetzt ist. Wir haben Platz. Oey kommt aus Sawan Khalok in Nordthailand. Sie ist Nong (Zweitgeborene), arbeitet hier seit einem halben Jahr jeden Tag, hat vorher schon drei Jahre woanders mit Männern gearbeitet.
„Geht das Geschäft gut?"
„Manchmal gut, manchmal nicht gut. Gestern und heute hatte ich noch keinen Kunden."
„Wie viele hast du normalerweise in einer Woche?"
„Ungefähr drei oder vier. Manchmal kommen nicht viele Farangs, und manchmal wollen sie nur Bier trinken."

„Ist es dann langweilig?"

Sie überlegt. „Nein, nicht wirklich, es sind immer Freundinnen hier, und wir unterhalten uns dann."

Sie winkt ein Mädel herbei.

„Noy, das ist George. Er kommt aus Deutschland und möchte uns Fragen stellen über AIDS-Prävention. Er ist Wissenschaftler."

Noy: „Guten Tag, wie geht es dir?"

„Danke, gut. Oey hilft mir gerade, ein paar Dinge herauszufinden."

„Oey hat ein gutes Herz, sie hilft gerne. Mir hilft sie auch manchmal."

„Wie hilft sie dir?"

„Sie hat einen größeren Busen als ich und ist schöner, deshalb wird sie öfter von Farangs angesprochen."

„Oey lacht, ergreift mit beiden Händen ihre Brüste: „Ja, einen größeren Busen habe ich, aber ich bin viel zu fett."

Ich sage: "Nein, nein, fett kann man das wirklich nicht nennen, ein ganz kleines bisschen korpulent vielleicht, aber nur ein ganz kleines bisschen. Ich finde Euch beide sehr schön, und ich wüsste mich nicht zwischen Euch zu entscheiden."

Beide falten die Hände, „danke schön."

Ich wende mich wieder Noy zu:

„Und wie hilft sie dir dann?"

Aber Oey antwortet.

„Wenn ich einen Kunden habe, mache ich ihn mit Noy bekannt und schlage vor, sie auch mitzunehmen. Und wenn er dann zögert, flüstere ich ihm ins Ohr, dass sie sehr, sehr gut Banane essen kann."

Sie lacht.

„Banane essen?"

„Ja, das ist Oralsex."

„Ach so."

„Ja, und meistens kann sie dann mitkommen."

„Teilt Ihr euch dann das Geld, oder zahlt er dann doppelt?"

„Wenn eine von uns mitgeht, bezahlt er eine Person, und wenn zwei mitgehen, bezahlt er zwei Personen."

„Wie viel ist das pro Person?"

„Tausend Baht für eine kurze Zeit und zweitausend Baht für eine lange Zeit."

„Wie lange dauern eine kurze und eine lange Zeit?"

„Kurze Zeit ist ins Hotel gehen und einmal Sex machen. Lange Zeit ist die ganze Nacht."

„Wenn ihr mit den Männern geht, benützt ihr dann Kondome?"

Beide: „Ja."

„Immer?"

„Ja."

„Habt ihr immer Kondome in der Tasche?"

Oey: „Manchmal", Noy: „Ja, immer."

Ich zu Noy: „Würdest du sie mir zeigen?"

„Ja, natürlich." Sie zieht zwei Packungen aus der Tasche, eine noch nicht angebrochen.

„Oey, wenn du keine Kondome in der Tasche hast, was machst

du dann?"

„Dann gehen wir welche kaufen, bei Seven 11, bevor wir ins Hotel gehen."

„Funktioniert das immer?"

„Manche Leute haben ein gutes Herz, manche haben kein gutes Herz."

Ich versuche es noch einmal: „Funktioniert das denn mit der Seven 11 Methode?"

„Wenn er Kondome kauft, gehe ich mit. Und wenn er keine Kondome kauft, gehe ich nicht mit."

Sie unterstreicht das „nicht" mit einer vehementen Handbewegung.

„Danke, das war es, was ich von dir wissen wollte, du hast mir sehr geholfen."

„Oh, das ist nicht der Rede wert."

„Noy, darf ich dich noch ein paar Sachen fragen?"

„Ja, natürlich."

„Wie alt bist du?"

„23."

„Wo kommst du her?"

„Aus Isan."

„Glaubst du, dass alle Mädels hier immer Kondome benutzen?"

„Nein, nicht alle, und nicht immer."

Ein Farang kommt hinzu, legt seine Arme um Oey.

„Hi Oey, haven't seen you for a while."

„Where have you been so long? I wait here for you, you not come!"

„Oh, I've been busy with plenty of work. Are you free tonight?"

„Yes, of course, I wait here for you all time."

Er zu mir: „Would you mind if I'd take this lady away from you?"

„No, not at all, but before you go, may I ask you a few questions?"

„Sure."

„When you go with the girls, do you always use condoms?"

„Yes."

„Do you always bring your own condoms?"

„Yes, always." Er zieht welche aus der Tasche.

„That's great, really. From which country do you come?"

„From England, but I live here since six years, I am doing kind of logistics with the sea freights."

„Thanks a lot! Oh, Oey, just one last question, do you think that all the women here take as good care with condoms as you do?"

„Many do, but not all."

„Thank you very much!"

„Thank you, bye, bye!"

„Tut mir leid, Noy, ich hoffe, ich habe dir jetzt nicht das Geschäft mit der Doppelnummer kaputt gemacht."

„Nein, nein, Tim geht immer nur mit Oey, aber er will sie nicht heiraten. Er sagt, er hat zwei Kinder in England, die er bezahlen muss. Ist das so in England?"

„Ja, in ganz Europa ist das so."

Sie denkt nach: „Hier ist das nicht so."

„Hast Du Kinder?"

„Nein, aber mein Vater hat nie für uns bezahlt. Das war sehr schwer für meine Mutter, für mich und meinen jüngeren Bruder und meine jüngere Schwester zu sorgen. Aber sie hat es geschafft, dass ich in die Junior Highschool gehen konnte. Für mehr hat das Geld nicht gereicht. Ich habe nicht viel Englisch gelernt, Oey spricht viel besser Englisch als ich. Manchmal bringt sie mir etwas bei: ‚I love you' und ‚Do you have condoms?' und ‚Please pay me now'."

„Wie lange arbeitest du schon hier?"

Sie rechnet an den Fingern nach: „Sechs Monate."

„Jeden Tag?"

„Ja, jeden Tag."

„Geht das Geschäft gut?"

„Nicht gut, aber auch nicht schlecht."

„Wie viele Kunden hast du so in der Woche?"

„Das ist verschieden, mal zwei, mal vier, und einmal habe ich gar keinen gehabt fünf Tage lang, da musste ich mir Geld leihen."

„Hast du es zurückzahlen können?"

„Das meiste ja, aber dreihundert Baht fehlen noch."

„Darf ich dir die dreihundert schenken? Du hast mir sehr geholfen."

Sie freut sich offensichtlich sehr.

„Danke. Möchtest du, dass ich mitkomme?"

„Nein, ich suche gar keine Frau. Meine Freundin wartet im Hotel auf mich."

Ich zahle, auch ihr Getränk, und verabschiede mich.
„Danke, viel Glück."

Später im Ginaree, Gedanken:

Es gibt also noch eine Methode, sich mit Kondomen einzudecken, die Seven 11 Methode. Seven 11 ist die allgegenwärtige Supermarktkette, alle zweihundert Meter eine Filiale: Brot, Milch, Käse, Wurst, Batterien, Zigaretten, Kondome - die Dreierpackung zu 58 Baht, Rasierseife, Haarwasser, und eine Riesenauswahl an Ölen, Fetten, Lotionen und Tinkturen, die die Haut aufhellen sollen - Beautywhitener, CDs.

Tig kommt hinzu. „Kannst du nicht schlafen?"
„Ich denke schon, aber ich habe noch einige Sachen aufgeschrieben, ein Mädel sagt, sie geht ins Seven 11, bevor sie ins Hotel gehen. Sie hat keine Kondome in der Tasche.
„Ja, viele machen das, aber es ist besser, wenn sie immer welche in der Tasche haben."
„Ich denke, dass ihnen manchmal das Geld nicht reicht."
„Ja, aber sie können sie auch umsonst bekommen. Da ist eine Stelle, wo jeder, egal ob Mann oder Frau, sich Kondome abholen kann, for free, fünf, zehn, zwanzig Stück. Das ist, glaube ich, in der Soy 22. Die Regierung hat lange im Fernsehen dafür geworben. Sie haben gesagt, dass man nicht schüchtern

sein muss, aber es gehen nicht viele hin."

„Das würde ich gerne sehen. Wollen wir da zusammen hingehen?"

„Ja, gerne, wir können gleich morgen früh gehen. Ich weiß nicht, wie lange sie auf haben und ich muss noch fragen, wo es genau ist. Ich denke, ich nehme einen Orangensaft."

Am nächsten Morgen, den 17. Januar, 10:30 Uhr.

Wir gehen genau elf Minuten und sind da. Es ist in der Soy 12, nicht in der 22. Eine Klinik, ein überdachter Warteraum mit offenen Wänden, angenehm kühl, zwanzig Frauen und zwei Männer. Eine große Tafel zeigt eine lange Liste von Krankheiten, die hier behandelt werden, vorwiegend Geschlechtskrankheiten. Auch HIV-Untersuchungen werden hier gemacht. An einem Counter, der von einem Mann besetzt ist, frage ich:

„Können wir ein paar Kondome haben?"

„Ja, gerne, wie viele möchten sie?"

„Zehn Stück."

„Zehn Stück, bitte sehr. Sie sprechen sehr gut Thai. Sind sie öfter hier?"

„In Bangkok ja, aber hier bin ich zum ersten Mal. Ich habe erst gestern erfahren, dass es diese Institution gibt. Kommen viele Frauen von der Sukhumwit hierher, um sich Kondome abzuholen?"

„Nein, ziemlich wenige, viel zu wenige. Wir haben schon Aktionen gemacht an den Plätzen, wo sie arbeiten. Aber da haben viele sich einen Spaß daraus gemacht, sie zu Luftballons aufzublasen. Da haben wir damit wieder aufgehört. Die Regierung sagt, wer sie nicht selbst holt, obwohl sie umsonst sind, der benutzt sie auch nicht. Manche Frauen kaufen sie auch selbst, manche gehen mit den Männern in die Apotheke oder in den Supermarkt, aber manche sind auch einfach zu faul und zu leichtsinnig."

„Sind das viele?"

„Das könnten vielleicht zehn Prozent sein. Aber es gibt keinen, der das genau weiß. Hier um die Ecke gibt es auch ein Restaurant, da kriegen sie Kondome for free mit der Rechnung überreicht."

„Oh, danke für den Tipp, das will ich mir gleich mal ansehen."

Das Restaurant heißt „Cabbage & Condoms", es ist eine Klimaoase. Ein Platz unter Bäumen, starke Ventilatoren zerstäuben Wasser in die Luft. Von der Straße kommt kaum Lärm. Ein mit Kondomen geschmückter Weihnachtsbaum steht da, das sieht lustig aus. Das Personal ist Thai, aber alle Gäste sind Farangs, sieben Frauen, sieben Männer. Wir trinken Cafe und Kokosnüsse.

„Das hier ist wohl mehr ein Platz für Farangfamilien."

„Ja, die Gäste hier kommen wohl alle aus dem Hotel da drüben, das gehört wohl zusammen."

„Ja, ein Hotelrestaurant."

Wir bitten um die Rechnung. In der Rechnungsmappe stecken zwei Kondome. Tig fragt den Kellner: „Können wir noch zwei Kondome haben?"

„Selbstverständlich."

Er bringt sie mit dem Rückgeld.

Beim Hinausgehen finden wir am Ausgang zwei Boxen voller Kondome. Wir bedienen uns. Keiner sagt was. Draußen eine große schwarze Tafel, auf der lauter Strichmänner und Strichfrauen alle denkbaren Sexpositionen einnehmen mit Anmerkungen: „Okay", „ Use condoms", „Don't swallow" .

Dass beim Oralverkehr „Don't swallow" genügen soll, finde ich etwas riskant. Aber ich bin kein Mediziner.

Weitere Schautafeln berichten darüber, was die Regierung so alles für die Armen und für die Umwelt tut. Das ist das, was Farangs gerne sehen, das, was man den Farangs gerne zeigt. Propaganda. Mit der Sukhumvit hat das nichts zu tun. Diese elf Minuten Fußweg trennen zwei Welten. Ich habe so viele Kondome in meine Hemdtaschen gestopft, dass ich sie nicht mehr zu kriege.

„Was machen wir jetzt bloß mit all den Kondomen?"

„Ich denke, du gibst sie am besten den Mädels im Biergarten."

„Ja, natürlich, das ist eine gute Idee."

Später im Ginaree, Gedanken:

Es gibt also eine staatliche Initiative für AIDS-Prävention und man kann offen und unkompliziert mit diesen Leuten reden. Und dass es Prostitution gibt, ist weder Geheimnis noch Tabu. Darüber muss ich mir wohl keine Sorgen machen. Ich frage mich nur, wieso die Regierung bis in die Soy 12 kommt, nicht aber in die Soy 9, 7 und 5, wo die eigentliche Action ist? Warum diese elf Minuten Abstand? Aber ich sehe auch, dass die Regierung es mit allem so macht. In der Steuerpolitik, der Behindertenpolitik, der Verkehrspolitik, der Sozialpolitik. Sie nimmt die Dinge auf eine rudimentäre Art bis zu einem gewissen Grad in die Hand und überlässt den Rest den Betroffenen selbst. „Schlanken Staat" nennt man das. Und es funktioniert eigentlich erstaunlich gut.

23:00 Uhr

Fünf blonde Mädels an der Bar, das habe ich hier noch nie gesehen, das muss eine neue Färbemethode sein. Bisher haben sie es allenfalls auf ein halbwegs helles rostrot geschafft, und das auch nur mit enormem Aufwand.
Eine dreht sich um. Nein, sie ist nicht Thai. Sie sieht, dass ich 'rüberschaue, kommt auf mich zu und fragt: „ Do you want a sexy girl?"
„No, I am not looking for a sexy girl. But if you wouldn't mind,

I would enjoy very much to have a bit of a conversation with you."

„Oh, I would not mind", lacht sie, holt ihren Drink von der Bar und setzt sich zu mir. Super hot pants, tiefer Ausschnitt, absolute high heels, das machen die Thai Mädels nicht so, dafür sind sie zu scheu.

„Where do you come from?"

„From Russia. And you?"

„I am from Germany."

„Oh, from Germany? The Germans, all have the biggest cocks!"

Sie lacht ein breites Lachen.

„Now, is this Russian propaganda or public relations?"

„It's true!" Sie klopft dabei mit dem Nagel des Zeigefingers, und sie hat sehr lange Fingernägel, auf den Tisch. Klack!

„They have the biggest cocks!" Klack!

„And also the biggest heads." Klack!

„They all think too much!" Klack, klack!

„And which city are you from?"

„From Munich."

„Oh, Munich, I hear that's a very nice city. Is it?"

„Yes, very nice, I love it. And we have many Russians there. And what part of Russia are you from?"

„Moscow."

„But now you live here?"

„No, I am here for holidays for two months, every year two months."

„Since when?"

„Since two years. I like it here, it is great fun, and at the same time I can make some money."

„What do you do, when you're in Moscow?"

„I study medicine and collect flowers, my hole flat is full with flowers."

Sie macht eine 180 Grad Drehbewegung mit beiden Armen, wie eine Balletttänzerin. „Now my mother takes care of them, my mother also has her flat full of flowers, many hundreds of flowers." Wieder dieses breite Lachen.

„Oh, I forgot to ask your name, I am George."

„I'm Marina."

„Marina? I've heard that name before from a Russian woman."

„Yes, we all have names like this. Marina, Irina, Maria, Anna, Liza…"

„I'm just doing a research about AIDS-prevention in Bangkok. May I ask you a few questions about that?"

„Yes, of course, you can ask me anything, you can talk with me about everything." Sie breitet ihre Arme weit aus: „and you can do with me anything you like to do." Sie beugt sich weit vor, gewährt mir einen tiefen Einblick in ihr ausgeschnittenes Decolleté.

„Oh, but at the moment I'm really not into doing but very much into asking."

„As I said before, the Germans have big heads, much too big. They eat too much potatoes and think too much."

„Yes, I know. And the Russians drink too much vodka."

„Yes, I love vodka, but in Bangkok I drink only beer, because vodka is very expensive here."

„May I order some vodka for you?"

„Yes, you buy vodka for me and I answer all questions for you, this is a great deal. Great deals are the essence of life."

Wieder eine Primaballerina Figur. Ich bestelle Wodka, er ist hier wirklich teuer, versuche eine ähnliche Balletttänzerbewegung.

„I can't do that as well as you can."

„Oh, for the beginning it is not so bad, and you cannot expect to outdo a Russian woman when it comes to dancing figures."

„May I ask your age?"

„My age? What would you guess?"

„24."

„No, you are kidding me, but I will tell you, I am 28. But please don't tell anybody."

„Okay, I promise, I won't. When you go with men, do you use condoms?"

„Yes."

„Every time?"

„Yes, absolutely. I know enough about medicine."

„Do you carry condoms in your handbag?"

„Sometimes I do, sometimes not."

„When not, where do you get the condoms from, before you go to the hotel?"

„Either the guy has, or he must go to buy them at the supermarket."

„Do they always do that?"

„Yes, if he wouldn't, I wouldn't go with him."

„Do you think that all the women here are so straight about using condoms as you are?"

„No, they are not, but the Russian girls are, but…"

"But?"

„But some maybe… may be too much on drugs."

„Do you work here every day?"

„Not here, but I work every day."

„Does the business go well?"

„Sometimes good, sometimes very good, sometimes not so good. Some day I have four customers, some day I have none at all."

„How many a week?"

Sie legt den Kopf schief, richtet ihn wieder auf, hält alle zehn Finger in die Luft: „Ten…yes, let's say ten."

„How much do you charge the guys?"

„Fifteen hundred a short time, three thousand a long time."

„Do all Russian girls charge that?"

„Yes."

„That's more than the Thais."

„Yes, because we are blonde. Some really, some not."

„I'm like Bob Dylan, I couldn't tell the difference between a real blonde and a fake."

„Did he say that?"

„Not say, he sang it."

„Ah."

„Where did you learn English so well? You don't speak much accent."

„At school, I learned very much in school, even in Sovjet times, and then in Amerika, I have been in Amerika for two years."

„Doing the same job?"

„Yes, doing the same job. It makes good money."

„And then you go back to your Moscow University?"

„Yes, I love medicine, I will finish in three years."

„May I order another vodka for you before I go? I have heard that a Russian without vodka is like a car without gas."

„Yes, vodka, that's great."

Ich bestelle noch einen vodka, bezahle, will mich verabschieden, da sagt sie:

„I go to the disco now. We have a Russian disco here, only Russians go there. It's great. Would you like to come with me?"

„No, with so many Russians in the place I would feel very much afraid. I was tought my whole life that Russians are very dangerous."

Sie lacht laut.

„You Germans think too much. Your heads get bigger and bigger."

„Well, you may be right about that, but also my girlfriend is waiting for me. If I come home late she will throw the plates."

Sie lacht:

„So it's your girlfriend who's dangerous, not the poor Russians."
„Well, about Russians I don't really know, but my girlfriend
really is. I wish you a good time in the disco."
„Thank you, bye bye."

Später im Ginaree, Gedanken:

Dass es hier im Milieu auch Ausländerinnen gibt, wusste ich
ja schon. Aber die waren immer aus dem übrigen Südostasien
gekommen, Indonesien, Kambodscha, Burma, Philippinen.
Dass jetzt auch Europäerinnen hier auftauchen, das ist mir
neu. Es sieht so aus, als würden die Mädels jetzt genauso
international wie die Jungs.

Ich rechne: Wenn Marina mit zehn Kunden die Woche ca.
20.000 Baht macht, also in zwei Monaten ca. 160.000 Baht,
dann sind das rund 3.000 Euro. Dann muss sie hier sehr spar-
sam leben, um noch etwas nach Hause bringen zu können.
Das ist eigentlich nur ein sich selbst finanzierender „Urlaub",
wie sie das nennt. Und auch die Thai Mädels werden hier
nicht reich. Auch sie kommen nur auf ein durchschnittliches
Einkommen, das liegt bei etwa 12.000 Baht, 240 Euro im
Monat.

Tig kommt.
„Hallo George, schreibst du immer noch?"

„Nein, mit dem Schreiben bin ich für heute wohl fertig, aber ich denke noch nach. Nach allem, was die Mädels mir so erzählen, kommen sie so etwa auf ein durchschnittliches Monatsgehalt, manche aber auch auf weniger. Und ich frage mich, warum sie das machen, wenn nicht viel Geld dabei 'rausspringt. Finden sie keine andere Arbeit?"

„Doch, Arbeit findet man hier schon, es gibt genug Arbeit für alle. Aber die Mädels kommen fast alle vom Land und haben keine Ausbildung, manche können kaum schreiben. Deshalb finden sie nur Arbeit, die sehr schlecht bezahlt ist. Da ist ein durchschnittliches Einkommen eben besser, und außerdem träumen viele von einem Prinzen, der sie mitnehmen wird in ein fernes, fernes Land. Ein Farangland."

„Von einem Prinzen? Aber sehen sie denn nicht, dass die Farangs hier eher Ähnlichkeit mit Fröschen haben?"

„Nein, du übertreibst", lacht sie, „und außerdem: Wer weiß, was passiert, wenn man einen Frosch küsst! Ich bestelle mir Obst, soll ich auch 'was für dich mitbestellen?"

„Ja, Vanilla Milkshake bitte und einen Cafe."

18. Januar, 16:00 Uhr

Ein Mädel sieht sehr interessant aus, sie hat ein etwas schmaleres Gesicht, sitzt sehr aufrecht, sieht ernster aus als die anderen. Neben ihr ist ein Barhocker frei, ich setze mich zu ihr: „Entschuldige bitte, ich suche zwar nicht nach einem Mädel, aber ich würde mich sehr gern ein wenig mit dir unterhalten. Hättest du Zeit dafür?"

„Ob ich Zeit habe? Wofür? Ich habe das nicht richtig verstanden."

„Mit mir zu sprechen", sage ich langsam und deutlich.

„Oh ja, mit dir sprechen, das mache ich gerne. Ich kenne noch keine Farangs."

„Du kennst noch keine Farangs? Wie lange arbeitest du denn schon hier?"

„Ich bin heute zum ersten Mal hier und du bist der erste Farang, den ich kennenlerne."

„Oh, dann muss ich mich aber gut benehmen, damit du nicht gleich beim ersten Mal von den Farangs enttäuscht bist."

Sie lacht: „Ich danke dir sehr, aber ich denke, ich mag dich schon jetzt. Du musst dir keine Sorgen machen."

„Danke." Ich lege die Hände zusammen.

„Ich heiße übrigens George."

„John."

„Nein, nicht John, sondern George, wie George W. Aber für Thais ist das sehr schwer auszusprechen."

„Ich bin nicht Thai, ich komme aus Vietnam und heiße Mai Lin."

„Aus Vietnam? Dann bist du die erste Vietnamesin, die ich kennenlerne. Das ist ein Grund zum feiern. Du lernst deinen ersten Farang kennen, und ich lerne meine erste Vietnamesin kennen. Darf ich dich zum Essen einladen?"

„Ich habe schon gegessen, aber wenn du essen möchtest, gehe

ich gerne mit und esse einen Salat."

„Wunderbar. Darf ich deine Rechnung bezahlen?"

„Oh, ich danke dir."

Ich bestelle ihre Rechnung, bezahle. „Warst du schon einmal in einem deutschen Restaurant?"

„Nein. Gibt es da auch Salat?"

„Ja, ganz verschiedene, große und kleine. Du wirst bestimmt etwas finden."

„Ist es weit von hier?"

„Fünf oder sechs Minuten zu Fuß."

„Gut, dann gehe ich jetzt mit meinem ersten Farang in mein erstes Farangrestaurant und esse meinen ersten Farangsalat."

Wir schlängeln uns die Sukhumwit 'rauf. Der Bürgersteig ist eng, links Geschäfte, Restaurants, Bars, rechts Marktstände, Uhren, Souvenirs, Hemden, Socken, DVDs, Handtaschen. Dazwischen tummelt sich die Welt.: Mädels, Jungs, Touristen, Schwarze, Gelbe, Braune, Weiße, Rote, Familien, Kinder, Hunde, Katzen, ein Elefant, Ladyboys, alles. Sie geht hinter mir her, zu viel Gegenverkehr. Ab der Ecke zur Soy 11, „jetzt sind es noch drei Minuten", können wir wieder nebeneinander hergehen. Aber auch hier müssen wir gut auf den Weg achten. 'Rauf auf den Bürgersteig, Blumentöpfe; 'runter vom Bürgersteig, Autoverkehr; 'rauf auf den Bürgersteig, Essenverkäufer; 'runter vom Bürgersteig , ein Hund; 'rauf auf den Bürgersteig, wieder ein Essenverkäufer; 'runter vom Bürgersteig, parkende Autos; ein letztes Mal 'rauf auf den Bürgersteig, dann das ‚Old

German Beerhouse".

„Hier muss man herkommen, wenn man gut deutsch essen will, in Deutschland gibt es das nicht mehr."

„Warum nicht?"

„In Deutschland kann man nur noch italienisch, türkisch, griechisch, ungarisch, indisch, japanisch, amerikanisch, koreanisch und vietnamesisch essen, aber nicht mehr deutsch. Dazu muss man nach Bangkok kommen."

Wir setzen uns, sie bestellt einen kleinen grünen Salat.

„Sind da Tiere drin?"

„Nein."

„Sind da Vitamine drin?"

„Ja."

„Dann nehme ich den."

Für mich bestelle ich Spiegeleier auf Spinat auf Salzkartoffeln.

„Wieso sprichst du eigentlich so gut Thai, wenn du Vietnamesin bist?"

„Ich war jetzt ein Jahr hier, und vorher habe ich es aus einem Buch gelernt."

„Auch die Schrift?"

„Nein, ich schreibe Thai mit vietnamesischer Schrift."

„Kann man damit die Tonhöhen auch richtig schreiben?"

„Ja."

„Aha, mit der lateinischen Schrift, das ist die Farangschrift, geht das nicht."

„Warum nicht?"

„Die Farangsprachen haben kein hoch, kein tief, kein auf, kein ab, nur Mittelton. Sie erheben die Stimme nur, wenn sie etwas fragen oder wütend sind."

„Das ist lustig."

„Von wo in Vietnam kommst du, aus dem Norden oder aus dem Süden?"

„Aus Ho Chi Minh."

„Ho Chi Minh – das ist das, was früher Saigon hieß, nicht wahr?"

„Ja."

„Wie alt bist du?"

„32, ich bin in dem Jahr geboren, als der Krieg aufhörte. Ich hatte viel Glück."

„Damals, als die Amerikaner noch in Vietnam waren, haben sie hier in Bangkok Pause gemacht. Es waren immer mindestens 20.000 Soldaten in der Stadt, und damals hat die Prostitution hier in Thailand sich so explosionsartig ausgedehnt. Und drüben an der Sukhumwit, genau da, wo wir vorhin gegangen sind, haben ständig hunderte von Journalisten gewohnt, um ihren Zeitungen und Fernsehstationen in der ganzen Welt über den Krieg zu berichten."

„Ach ja?" Sie ist ein paar Augenblicke still.

„Hier haben sie Pause gemacht?"

„Ja, Pause vom Krieg. Und sie waren alle hungrig nach Frauen und hatten viel Geld in der Tasche."

„Ich verstehe," sagt sie. „Ich hatte viel Glück, ich bin erst danach geboren."

„In Deutschland, das ist da wo ich herkomme, sind damals viele auf die Straße gegangen und haben demonstriert und „Ho Ho Ho Chi Minh!" gerufen."

„Warum?"

„Sie mochten das nicht, dass die Amerikaner bei euch Krieg machten."

„Haben sie denn Ho Chi Minh gemocht?"

„Nein, eigentlich nicht. Es war wohl mehr, um die Amerikaner zu ärgern."

„Ach so."

„Nach dem Krieg, als du ein Kind warst, wie war da das Leben bei euch?"

„Es war sehr schwer, und wir waren sehr arm. Alle waren sehr arm. Alles war sehr schwer, wir mussten sehr viel arbeiten und hatten wenig zu essen. Aber seit ein paar Jahren wird es besser, wir können jetzt mehr kaufen. Es wird leichter."

„Leben deine Eltern noch?"

„Meine Mutter lebt noch, mein Vater ist nicht aus dem Krieg zurückgekommen. Meine Mutter hat lange auf ihn gewartet, viele Jahre, aber er ist nicht zurückgekommen."

„Was macht deine Mutter?"

„Sie hat immer Essen gekocht und hat es dann an die Leute verkauft, an der Straße. Jeden Tag. Aber oft hatten wir selbst nicht genug zu essen. Jetzt arbeitet sie nicht mehr, jetzt passt sie auf meine Tochter auf und wohnt bei meinem jüngeren Bruder."

„Bist du Pi?"

„Oh, du kennst das? Ich dachte, die Farangs kennen das nicht?"

„Ja, bei uns gibt es das nicht, aber ich kenne es aus Thailand. Ist das bei euch auch so?"

„Ja, das ist bei uns genauso und ich bin Pi und habe zwei jüngere Brüder."

„Was machen deine Brüder?"

„Der eine verkauft Essen wie meine Mutter, der andere fängt Fische im Fluss. Das ist schwer, weil es immer weniger Fische gibt. Er braucht ein größeres Boot und größere Netze."

„Wie alt ist deine Tochter?"

„Sie ist jetzt elf, sie geht in die Schule."

„Was hast du in dem Jahr gemacht, das du jetzt schon hier in Thailand bist?"

„Ich habe gearbeitet, als Schneiderin. Damit kann ich hier mehr Geld verdienen als zu Hause."

„Und wie kommst du dann in den Biergarten?"

„Gestern war mein letzter Arbeitstag, und in drei Tagen fahre ich nach Hause. Und da will ich die Zeit nutzen und noch etwas dazu verdienen. Mein jüngerer Bruder braucht größere Netze."

„Du fährst nach Hause zu deiner Familie?"

„Ja, dann werden wir feiern und alle zusammen in den Tempel gehen." Ihr Gesicht leuchtet auf.

„Ich freue mich sehr darauf."

„Wenn ihr in den Tempel geht, macht die Regierung dann

keine Probleme?"

„Probleme? Wieso?"

„Ich meine – gibt es überall Tempel und kann man einfach hingehen?"

„Ja. Wir haben eine kommunistische Regierung."

„Ja, deshalb dachte ich, sie machen vielleicht Schwierigkeiten, in Ostdeutschland und in Russland haben sie das gemacht, wenn es um Religion ging."

„Nein, bei uns ist das nicht so."

„Du sagst, ich sei dein erster Farang, hast also noch keine Erfahrung. Aber hast du vor, wenn du mit einem Mann ins Hotel gehst, Kondome zu benutzen?"

„Kondome? Was sind Kondome?"

„Tung Yang heißt das auf thailändisch."

„Ach so, ja, die werde ich benutzen."

„Immer?"

„Ja."

„Hast du welche in der Tasche?"

„Ja."

Würdest du sie mir zeigen?"

„Ja, hier." Sie zeigt mir zwei frische Packungen: „Es gibt sie umsonst in der Soy 12, man braucht nur hinzugehen und zu sagen, dass man welche haben will."

„Ja, ich weiß, ich war auch schon dort. Woher wusstest du das?"

„Meine Freundin hat es mir gesagt, sie arbeitet schon länger im Biergarten."

„Ich freue mich, dass du so gut auf dich acht gibst. Glaubst du, dass alle das so machen?"

„Nein, ich glaube nicht. Meine Freundin sagt, dass manche nachlässig sind und nicht aufpassen und dann AIDS kriegen."

„Ja, und ich wünsche mir, dass dir das niemals passieren wird."

„das wünsche ich mir auch, und ich werde ganz bestimmt immer aufpassen."

„Ich werde jetzt müde und möchte gerne ins Hotel gehen. Ich habe mich sehr gefreut, dich kennenzulernen."

„Wo ist dein Hotel?"

„Weiter vorne, hier in der Soy 11, kurz vor der Sukhumwit. Bis dahin können wir zusammen gehen, und ich biege dann links ab, das Hotel ist in einer kleinen Seitenstraße."

„Soll ich denn nicht mitgehen?"

„Nein, ich habe doch schon gesagt, dass ich keine Frau suche."

„Ach so, das habe ich nicht verstanden. Ich hatte erwartet, dass du Englisch sprechen würdest und dann hast du Thai gesprochen und ich habe den Anfang nicht verstanden."

„Dann hast du die ganze Zeit gedacht, ich wäre ein Kunde?"

„Ja." Sie lacht.

„Gut, dann benehme ich mich jetzt wie ein guter Kunde und bezahle für die Zeit, die du mir gewidmet hast."

Ich gebe ihr tausend Baht.

„Dankeschön."

Ich zahle die Rechnung, wir gehen zurück.

„Hier muss ich abbiegen, mein Hotel ist da drüben."

„Soll ich wirklich nicht mitgehen?"

„Nein, meine Freundin wartet dort auf mich, und ich bin nicht hungrig nach Frauen."

Sie strahlt vor Freude: „Heute ist mein Glückstag!"

Ich nehme sie zum Abschied in den Arm, sie sagt:

„Mein erster Farang."

„Meine erste Vietnamesin. Ich werde dich nie vergessen. Und ich wünsche dir viel Glück."

„Ich wünsche dir auch viel Glück, und ich werde dich auch nie vergessen, meinen ersten Farang."

Später im Ginaree, Gedanken:

Poon und Mai Lin, beide sind Pi, beide haben eine Arbeit, beide nutzten ihr bisschen Freizeit, um im Biergarten noch etwas hinzu zu verdienen.

Tig kommt, und ich erzähle ihr von den Beiden.

„Sie sind sich so ähnlich. Beide sind Pi, beide arbeiten, beide haben wenig Freizeit und beide nutzen das bisschen Zeit, um im Biergarten noch etwas dazu zu verdienen. Und beide haben Kondome in der Tasche."

„Ja, die Pis sind die zuverlässigsten. Sie sind für die ganze Familie verantwortlich, wenn die Eltern tot sind oder nicht mehr arbeiten können. Sie unterstützen ihre jüngeren Geschwister, und dafür reicht ein normales Einkommen nicht aus. Dann gehen sie in den Biergarten. Und weil sie wissen, dass sie gebraucht werden, passen sie auf sich auf. Die Pi Frauen sind die zuverlässigsten Menschen in Thailand."

„Und was ist mit den Pi-Männern?"

„Das kommt darauf an. Manche machen ihre Sache als älterer Bruder sehr gut, aber viele drücken sich auch vor der Verantwortung. Es kommt darauf an, ob sie in gutes Herz haben oder nicht."

19. Januar, 20:00 Uhr

Ich setze mich auf den einzigen freien Barhocker, bestelle Coca Cola, schaue auf den Bildschirm. Ein Fußballspiel, wie immer. Meine Nachbarin zur Rechten trägt ein Kostüm aus thailändischer Seide, eine pikante Mischung aus folkloristisch und sexy. Sie dreht ihre Tonic Water Flasche auf dem Tresen im Kreis, immer im Kreis.

„Wer spielt da gegen wen?" frage ich sie.

„Ich weiß nicht, ich weiß nichts über Fußball."

„Ich auch nicht, ich habe nur einen Weg gesucht, mit dir ins Gespräch zu kommen."

Sie lacht: „Genau wie ich, aber du warst schneller. Gefalle ich dir?"

„Ja, sehr, du hast wunderschöne Locken."

„Ich mache mir gerne Locken, aber es dauerst ziemlich lange sie zu drehen, und sie halten nicht lange, nur ein, zwei Tage."

„Und dein Kostüm ist auch sehr schön, ich habe so eins noch nie gesehen."

„Ich habe es selbst entworfen und machen lassen. Es war ziemlich teuer. Findest du es wirklich schön?"

„Wunderschön, und es steht dir sehr gut. Die Farbe passt gut zu deiner Haut und zu deinem Haar und der Schnitt gut zu deiner Figur. Du könntest Modedesignerin sein. Und du bist eine schöne Frau."

Sie legt die Hände zusammen: „Danke. Aber ich glaube, du sprichst mit süßem Mund."

„Nein, ich spreche nie mit süßem Mund, ich mag die Fliegen nicht. Deswegen sage ich immer die Wahrheit."

„Danke. Und wo kommst du her?"

„Ich komme aus Deutschland und mache gerade eine wissenschaftliche Umfrage über AIDS-Prävention in Bangkok."

„Oh, du bist Wissenschaftler? Das interessiert mich sehr. Was für ein Fach?"

„Sozialwissenschaft."

„Sehr interessant. Und was für eine Untersuchung machst du?"

„Ich möchte herausfinden, wie die Frauen, die mit Männern arbeiten, sich vor HIV Infektionen schützen. Und ich denke, der beste Weg, das herauszufinden ist, sie zu fragen."

„Und wenn du sie gefragt hast, schreibst du ein Buch, nicht wahr?"

„Ja, ich denke schon."

„Das ist gut, damit hilfst du allen, und ich möchte dir gerne helfen. Was möchtest du wissen?"

„Zuerst wie du heißt, ich heiße George."

„John…"

„Nein, George, wie George W."

„Aha, George. Und ich heiße Duean Pen."

„Das heißt „Vollmond", nicht wahr?"

„Ja, Vollmond."

„Das passt gut, weil du wie ein wunderschöner Vollmond strahlst."

„Ich strahle, weil ich mich freue, und ich freue mich, weil ich dir helfen kann, weil du ein gutes Herz hast."

„Danke. Wenn du mit Männern gehst, benutzt du dann Kondome?"

„Ja, jedenfalls immer, wenn ein Mann in meinen Körper kommt. Ohne Kondome mache ich es nur mit der Hand."

Sie macht eine entsprechende Handbewegung, „aber alles andere nur mit Kondomen."

„Auch oral?"

„Ja, oral auch nur mit Kondomen."

„Kennst du die Stelle in der Soy 12, die Klinik, wo man sich Kondome ‚for free' abholen kann?"

„Ja, aber das ist mir zu weit. Ich kaufe sie hier im Supermarkt in der Soy 5, da sind sie am billigsten."

„In der Soy 12 schlagen sie vor, bei Oralverkehr nicht zu schlucken, aber sie empfehlen keine Kondome."

„Ja, das habe ich gesehen, aber ich mache das nicht, ich finde es eklig und auch nicht sicher."

„Dasselbe habe ich mir auch schon gedacht. Du benutzt also immer Kondome?"

„Ja."

„Hast du Kondome in der Tasche?"

„Ja."

„Immer?"

„Ja."

„Würdest du sie mir zeigen?"

„Ja, gerne, hier."

Sie hat mehrere Packungen in der Tasche.

„Glaubst du, dass alle Mädels hier das so machen?"

„Nein, nicht alle."

„Wie alt bist du?"

„41."

„Ich hätte gedacht, du wärst jünger."

„Danke, aber ich bin 41."

„Wie lange arbeitest du schon hier?"

„Zwei Jahre."

„Jeden Tag?"

„Ja, jeden Tag."

„Bringen die Männer auch Kondome mit?"

„Ja, manche schon, aber darauf verlasse ich mich nicht. I never ever trust any man."

„Das würde ich an deiner Stelle auch nicht tun. Wo kommst du her?"

„Aus Isan."

„Und gehen deine Geschäfte gut?"

„Ja, ich habe genug Kunden. Da kommt John. Fragst du auch Männer?"

„Ja, auch Männer."

„Hey, John! Please come here for a moment, this is George. You can help him, he is a doctor and wants to ask you some questions."

„Hi George, what can I help you?"

„Just answer me a few questions, if you don't mind, about using condoms."

„Sure."

„What country are you from?"

„America."

„When you go with a girl, if you do so at all…"

„Oh, he goes with girls all the time, we all know him, he has a good heart, " fällt Duean Pen ein.

„Okay, when you go with them, do you use condoms?"

„Yes."

„Always?"

„Yes."

„Do you have condoms with you?"

„Yes", er zieht eins aus der Hosentasche. „You know why? If you don't bring them, you have to go to a pharmacy or to a Seven 11, and there they are very expensive."

„Don't the girls bring condoms also?"

„Well, some do, but some make you go to buy them. That's a

hustle and also expensive. I prefer to bring my own."

„That's all I want to know, I am happy that you take care," und zu Duean Pen: „He is a good guy. Is he your friend?"

„Yes, my friend and my friend's friend and everybody's friend, he has a good heart."

„George, if you don't mind, I'd just go to another girl over there, won't leave her alone too long."

„Yes, sure, thanks a lot, have a good time."

„Bye, bye."

Inzwischen hat Duean Pen ein anderes Mädel herangewinkt.

„Nid, das ist George, George ist Wissenschaftler und schreibt ein Buch über HIV Infektionen, er macht sich Sorgen, dass man auf der ganzen Welt zu wenig aufpasst. Er würde dir gern ein paar Fragen stellen."

„Ja, gerne. Hallo George, spreche ich das richtig aus?"

„Ja, wie George W."

„Aha, was möchtest du fragen?"

„Wie alt bist du?"

„26."

„Wenn du mit Männern gehst, benutzt du dann Kondome?"

„Ja", …

Während ich mit Nid durch alle Fragen durchgehe, arrangiert Duean Pen eine regelrechte Warteschlange. Sie stehen ordentlich hintereinander an und ich muss meinen Notizblock herausziehen und mitschreiben. Zwei Interviews kann ich mir merken, aber jetzt muss ich mitschreiben. Nid, Toy, So, Arunee, Mu, Gai, das artet in Arbeit aus. Ich frage am Fließband ab, während Duean Pen die Schlange organisiert. Sie hält richtige Volksreden, einzelne Fetzen ihrer Rede kriege ich noch mit: „Er ist ein Doktor"… „ er tut etwas für die Gesundheit auf der ganzen Welt"… „er hilft damit allen, auch uns, und deshalb müssen wir ihm helfen"… „Er hat ein sehr gutes Herz."

Nach Gai will ich schon aufhören, aber Duean Pen meint: „Nein, da sind noch Ari und Da, die musst du noch fragen." Also frage ich noch Ari und Da, und dann ist die Schlange zu Ende. Und alle stehen herum und diskutieren.

Ich sage zu Duean Pen: „Eine hat gesagt, dass sie zwar Kondome benutzt, aber nicht immer, dass sie Ausnahmen macht, wenn jemand ein gutes Herz hat."

„Das darf nicht sein!" verkündet sie mit Feuereifer und redet in die Menge:

„Hört mal zu, was ich da eben gehört habe, das darf nicht sein! Wenn jemand ein gutes Herz hat, dann heißt das noch lange nicht, dass er keine HIV Infektion hat. Darauf kann man sich nicht verlassen, man kann sich auf überhaupt keinen Mann verlassen, wenn es um HIV geht. Gutes Herz hin oder her, never ever trust any man, vertraut niemals einem Mann, wenn es um Euer Leben geht! Und um das Leben Eurer Freunde und um das Leben von vielen, vielen Menschen auf der ganzen Welt."

„Eine Jeanne d'Arc", denke ich.

Alle im Umkreis hören ihr gebannt zu, sind offensichtlich

berührt, betroffen, nehmen die Sache ernst. Duean Pen ist unglaublich, was sie sagt, kommt an. Und sie weiß, wann sie aufhören muss, und wie:

„…Es ist gut, dass George heute zu uns gekommen ist, er hat uns alle dazu gebracht, noch 'mal richtig über die Sache nachzudenken. Sein Herz ist so groß wie seine Nase lang ist."

Alle lachen. Die Situation entspannt sich, ich gebe eine Runde aus für alle, die zugehört haben. 21 Drinks. 21 Verbündete an der AIDS Front.

Ich danke allen, alle danken mir, jede einzeln. Ich gehe mit dem Gefühl, jetzt hier viele Freundinnen zu haben.

Später im Ginaree, Gedanken:

Jetzt hat mich meine eigene Methode eingeholt. Das war das Thema meiner Diplomarbeit gewesen, die Umkehr der empirischen Befragungsmethode, damals, vor fast 40 Jahren."

Während die klassischen Empiriker beabsichtigen, einen Gewinn an möglichst präzisem Wissen zu erzielen und dabei das Feld, die Gruppe der Befragten, nicht zu beeinflussen, weil das die Ergebnisse verbiegen würde, schlug ich damals vor, die Prozedur des Wissensgewinns, also die Befragung, zur Methode und die Veränderung des Feldes zum Ziel zu machen.

Durch die Befragung einer Gruppe bringt man einen Diskurs in Gang, im Vertrauen auf die Ressourcen, die Selbstheilungskräfte, die in dieser Gruppe schon vorhanden sind und die dafür sorgen werden, dass die Veränderung in eine „richtige", eine heilsame Richtung gehen wird. Das hat damals funktioniert, in einer Gruppe von 60 Sozialarbeitern, Pädagogen und Psychoanalytikern bei Köln, und es hat jetzt funktioniert, bei einer Gruppe von 21 Sexarbeiterinnen in Bangkok.

Nur: diesmal hatte ich es gar nicht beabsichtigt. Es war eher ein Glücksfall, dass ich schon beim sechsten Interview auf Duean Pen gestoßen bin, eine Schlüsselperson. Das habe ich in meinem Leben immer wieder erfahren: Früher oder später stößt man auf eine Schlüsselperson, und dann geht alles auf einmal ganz schnell. Das wäre also eine Arbeitsmethode, wenn ich in diesem Feld einmal arbeiten sollte.

20. Januar, 10:00 Uhr

Ich warte im Ginaree auf Tig, Bee und ihren älteren Bruder, sie wollen mich mit einem Auto abholen.
Ein Farang mit amerikanischem Akzent spricht mich vom Nebentisch aus an.
„You look like you come here frequently. Do you know this area well?"
„Yes, since thirteen years."

„That's great! I'm just wondering – I took a room in a hotel in the Soy 13, but it's 1.500 Baht and it's a bit off of things. What would you recommend?"

"Well, why don't you take a look at the 'President Inn', that's where I stay since thirteen years, whenever I'm here. They're only 1.000 and I never found a better one, it's run by very nice people. "

„That sounds good. I'm Larry and I'm from USA California. What's your name?"

„I'm George from Germany."

„Do you work here?"

„No, I just came here to see my family, though indeed right now I do some kind of work, I do a research about AIDS-prevention, but that's rather a by the way story."

„That's interesting. How do you come to do such a thing?"

„Well, I've been leading some Vipassana meditation groups here and that was about ten to thirteen years ago. At that time I had plenty of clients who were sex workers. The girls at that time had some very strange ideas about AIDS-prevention, and now I want to take a look, whether that is still the same or if there has been any change."

„How do you do it?"

„I go to the girls in the beergarden at the Soy 7 and ask them how they do it."

„I would like to go with you some time."

„Yes, sure."

„What will you do today?"

„Oh, today I will go with my friends to a wat, a temple, where people who have AIDS go to die."

„That sounds rather sad."

„Yes, but I really want to see that place…Oh, they're coming! I am sorry, I've got to leave right now, they can't park the car here."

„No problem, hope to see you again."

Ich steige auf den Rücksitz zu Tig ein, Bee begrüßt mich vom Beifahrersitz:

„Hallo George, ich freue mich sehr, dich wiederzusehen. Das ist unser Fahrer, mein älterer Bruder Puy."

„Hallo Puy, ich freue mich, Bee's älteren Bruder kennenzulernen und ich freue mich sehr, dass ihr alle mitkommen wollt zu diesem Tempel – wie heißt er eigentlich?"

„Er heißt Wat Pra Baat Nam Pu."

„Baat – was heißt das?"

„Das ist ein Wort aus der Königssprache, es heißt ‚Fuß'."

Ich übersetze: ‚Tempel zur Quelle am Fuße des Berges – ein schöner Name."

„Ja, ein schöner Name. Wir in Thailand machen alles gerne schön, auch wenn es um den Tod geht, das ist unsere Art."

Tig fragt: „Hast du gut geschlafen?"

„Ja."

„Hast du wieder mitten in der Nacht Conrflakes mit Milch gegessen?"

„Ja."

Sie lacht. „Was hast du heute morgen gemacht?"

„Einen Amerikaner getroffen. Er sucht ein besseres Hotel. Ich habe ihm unseres empfohlen. Er ist nett."
„Das ist gut."

Wir fahren zwei Stunden, zuerst nach Norden, dann nach Nordosten, dann nach Nordwesten, dann wieder nach Norden, in Lop Buri von dem Highway 'runter. Bald darauf sehen wir in der Ferne eine große weiße Buddhastatue auf einem Hügel vor einem großen schwarzen Berg.
„Ist es da?"
„Ja, da ist es."

Dann wird ein zweiter weißer Buddha sichtbar, auf einem benachbarten Hügel. Dazwischen ragen goldene Tempeldächer hoch auf. An einem Schlagbaum steht ein Wächter in Uniform. Er lässt uns fraglos ein, erklärt, wo wir parken können:
„Nein, nicht wo die Busse stehen, weiter oben, vor der Rezeption."
Rechts des Weges stehen mannshohe rote Buchstaben: HIV+, daneben, genauso hoch , schwarze: AIDS+ . Wir steigen aus. Tig nimmt meinen Arm: „Alle hier haben HIV."

Vor dem Rezeptionspavillon ziehen wir unsere Schuhe aus und nehmen Platz an dem Tisch mit der Aufschrift: sam rab ngoen (wörtlich: ‚was das Geld angeht', frei übersetzt: ‚Geldangelegenheiten'). Wir füllen einen Fragebogen aus: Name,

Herkunftsland, Höhe des Spendenbetrags. Das Spenden hilft.
Eine junge Frau, das Gesicht voller Flecken, überreicht mir
eine Spendenurkunde.
„Er ist kein Eindringling mehr, er ist Gast."
Sie muss einmal sehr schön gewesen sein.

Ein junger Mann in rotem Fußballtrikot, Flecken im Gesicht,
an den Armen, an den Beinen, führt uns in's anliegende
Gebäude, einen großen Saal der Klinik. Der Saal ist vollge-
stellt mit Eisenbetten, darauf Matratzen, darauf Menschen,
Männer, Frauen. Alle sind so abgemagert, dass sie die Matrat-
zen kaum noch berühren. Sie haben kein Fleisch mehr, das
sich anschmiegen könnte. Sie haben nur noch Knochen und
Haut. Manche starren vor sich hin, andere starren uns an. Alle
sind in Windeln.
Ich denke: „Es ist nicht der Tod, der kommt. Es ist das Leben,
das geht."
Bee spricht mit einer Frau, dann mit einem Mann:
„Kannst du laufen?"
„Nein."
„Kannst du essen?"
„Ja."
„Bist du gut versorgt?"
„Der Arzt kommt jeden Tag, ich bekomme Medizin."
Tig hat oft gesagt, dass Bee ‚gut' ist. Jetzt sehe ich es selbst:
direkt, klar, empathisch. Sie leuchtet – für den, der nicht mehr
leuchten kann.

Wir gehen zum ‚Pavillon der toten Knochen‘, einem Dach auf Säulen mit einem Boden aus Marmorplatten. Auf einer hohen, schlanken Säule sitzt eine Buddhafigur aus schwarzem Stein. Um die Säule herum sind kleine Leinensäckchen aufgeschichtet, ca. 5 x 5m im Quadrat, mehr als 2m hoch.

„Sie haben von jedem Toten einen kleinen Knochen aufbewahrt und ihn in ein solches Säckchen getan", sagt Tig.

Jedes Säckchen ist mit einem Datum versehen. Mehr als 50 Kubikmeter Knochen. Wieviele Knochen machen einen Kubikmeter? Ich rechne das jetzt nicht aus, ich werde das nie ausrechnen.

Weiter hinten stehen Regale, gefüllt mit noch mehr Knochen.

„Das sind die neuen", sagt Tig.

Ein Säckchen trägt das Datum von gestern.

Bei einem Getränkelager nebenan bleiben wir stehen. Tig und Bee kaufen 33 Flaschen Limonade, fünf Jungen in Sportdress und Schlafanzügen bringen sie ins Hospital. Für jeden eine Flasche. Puy und ich rauchen Zigaretten.

„Vor zehn Jahren haben sie hier sechs bis sieben Menschen pro Tag verbrannt, jetzt sind es nur noch sieben im Monat. Sie haben jetzt bessere Medizin."

Ich weine.

Wir gehen weiter, an vielen Bungalows vorbei, großen und kleinen. Tig sagt: „In diesen Bungalows leben die, die noch nicht stationär in's Hospital müssen. Wer allein sein will, kann einen kleinen Bungalow für sich haben."

„Woher weißt du das alles so genau?"

„Naen war schon hier, ihr ganzes Semester ist hierher gefahren, und sie hat mir alles erzählt."

Wir begegnen kranken Menschen, einer Frau im Novizinnengewand, anderen in Sportkleidung, manchen in Schlafanzügen. Alle sind zwischen ihren Bungalows und der Klinik unterwegs. Alle grüßen uns mit gefalteten Händen. Einer reicht mir die Hand. Er kennt die Art der Farangs, sich zu begrüßen. Ich frage Tig:

„Meinst du, wir könnten hier eine Frau finden, die bereit wäre, einen Brief an die Mädels in Bangkok zu schreiben?"

„Nein" sagt sie, „ich denke, das geht hier nicht."

Zwei doppelstöckige Busse entlassen etwa hundert Kinder in Schuluniform ins Gelände. Sie formieren sich in geordnete Reihen und werden denselben Weg geführt, den wir gekommen sind.

„Dachau" – denke ich – „das ist wie ein Schulausflug nach Dachau."

Wir kommen zum Museum: „ Bilder von Menschen in allen Stadien der Krankheit, Bilder von Toten, Bilder von der Verbrennung, Bilder von einem anderen Tempel für AIDS kranke Kinder, 80 Kilometer von hier. In einer Flüssigkeit konservierte Leichen, Haut, Knochen, schwarz, liegend, stehend. Draußen ist es jetzt sehr heiß. Ich spüre, wie ich beim Gehen schwanke, ich habe die Füße nicht so fest auf dem Boden wie gewohnt.

„Das ist wirklich wahr, was du hier siehst, das musst du sehen, dass das wirklich wahr ist."

Auf dem Rückweg stehen wir plötzlich vor einem Lebensmittelladen. Das überrascht mich, Mittel zum Leben, hier. Aber auf den zweiten Blick macht es Sinn.

Vor dem Eingang liegt ein Hund. Er sieht sehr entspannt aus. Er ist der einzige hier, der gesund aussieht.

Bee kauft etwas zu essen. Ich frage nach dem Krematorium, es ist nahe am Eingang, gleich neben dem Busparkplatz.

Das Krematorium ist angenehm kühl. Auch das überrascht mich, dass ich jetzt etwas als angenehm empfinden kann, aber mein Körper nimmt die Kühle wirklich dankbar auf.

Ein Steinplatten-Fußboden, ein Dach, offene Wände, sechs Öfen, vier ältere, zwei moderne. Puy sagt:

„Das mit dem offenen Rost wie im Museum machen sie heute nicht mehr, mit den Öfen geht es schneller."

Zwischen den Öfen, da wo es am kühlsten ist, sitzen zwei Transvestiten. Als sie uns sehen, kommen sie auf uns zu und begrüßen uns. Sie tragen noch immer das Glitzerzeug, als wären sie in einer TV-Revue, sie sind geschminkt.

Bee fragt sie, wie es ihnen geht. Ganz von selbst erzählen sie ihre Geschichte:

Sie haben ohne Kondome gearbeitet, dafür gab es mehr Geld. Jetzt haben sie Flecken überall, im Gesicht, an dem Armen, den Beinen. Sie ziehen Ärmel und Hosenbeine hoch, um es zu zeigen. Ein Mensch kommt hinzu, ich kann nicht sagen, ob Junge oder Mädchen.

„Kao ist erst 13, ist von einer Spritze infiziert worden."

Eine junge Frau kommt von zwischen den neuen Öfen hervor. Sie sieht noch nicht ganz so krank aus. Auch sie erzählt ihre Geschichte, hat für mehr Geld ohne Kondome gearbeitet, dann kamen die Schmerzen in den Achselhöhlen, dann Flecken, Gewichtsverlust.

„Der Brief", denke ich, „der Brief ! "

„Können wir sie bitten, einen Brief zu schreiben.?"

Tig fragt: „Mein Freund arbeitet in Bangkok mit den Mädels, die mit Männern arbeiten. Würde jemand einen Brief an sie schreiben wollen?"

Das Mädel sagt sofort: „Ja, ich schreibe einen Brief. Hat jemand 'was zum schreiben?"

Ich gebe ihr einen Stift und meinen Notizblock. Sie schreibt sofort, sie muss nicht nachdenken: „An alle Frauen, die mit Männern arbeiten…"

Ich danke ihr mit gefalteten Händen: „Du hast mir sehr geholfen."

„Ich helfe dir gerne."

Wir verabschieden uns, Tig steckt allen etwas Geld zu. Sie danken ihr, sie sagt: „Es ist von ihm." Sie danken mir.

Tig und ich gehen zum Auto, warten auf Bee und Puy. Der Hund steht auf, reckt sich, Hinterläufe durchgestreckt, dann die Vorderbeine, kommt auf uns zu, biegt ab in Richtung Tempel. Alle sind jetzt da, wir steigen ein, fahren zurück. Ich lese den Brief. Bee steckt mir eine Kugel aus süßem Teig in den Mund.
„Du musst etwas essen."
Ich kaue. Das Leben kommt wieder zurück. Bee ist wunderbar.

Wir halten an einer Tankstelle, Tig und Bee essen süße Kugeln, Puy und ich trinken Cafe.
„Was verkaufst du in deinem Laden noch außer tibetischen Schalen?"
„Gongs aus China, alles was klingt, tibetische Buddhafiguren."
„Buddhafiguren? Ich verkaufe auch Buddhafiguren. Komm' doch 'mal in mein Geschäft, es ist in der Nähe des Königspalasts."

Zurück in Bangkok gehen wir ins ‚Old German Beerhouse', alle haben Hunger. Ich reiche das Brot herum, Bee lacht:
„Du bist schon wie wir Thais, kümmerst dich um jeden. Ich wünsche mir auch einen Farang-Boyfriend, so einen wie dich."
„Was meinst du damit: So einen wie mich?"

„Einen, der sich kümmert, der verstehen will."
„Komm doch im Herbst mit Tig nach Deutschland, vielleicht finden wir so einen."

Mit Tig im Hotel. Sex ist anders, wenn man Tote gesehen hat, kompromissloser. Hinterher sagt sie:
„You think too much, the Thai Government is so big! "
Sie breitet ihre Arme weit aus.
„And they do everything that can be done already and you cannot do much, only, okay, when you go to the girls, I will help you, but you cannot do a big thing."
Sie spricht Englisch. Das ist gegen unsere Abmachung. Das tut sie nur, wenn ihr etwas sehr wichtig ist.
Ich sage: „Mach' dir keine Sorgen, ich passe auf mich auf. Ich werde das richtige finden."

Ich gehe ins Ginaree, um alles aufzuschreiben.
Im Ginaree sitzen zwei Mädels mit zwei Arabern an einem Tisch. Ein Mädel sagt:
„You not buy condom, I die. You buy condom, I not die. Okay, you buy condom?"
Der angesprochene Mann antwortet:
„Okay, so we do not business today."

Ein paar Augenblicke lang spricht niemand. Dann stehen die Männer auf und gehen, lassen einen Eiskübel mit drei Flaschen Bier zurück. Die Mädels bleiben sitzen, teilen das übrig gebliebene Bier mit dem Türsteher vom Hotel nebenan. Alle drei scherzen, lachen. Ein schönes Lachen.

Jetzt weiß ich, dass ich diese Arbeit nicht machen werde. Ich werde das später begründen. Begründungen kommen immer später.

21. Januar, 18:00 Uhr

Wir wollen essen gehen. Tig bringt vorher noch ein paar Bücher 'rauf in's Zimmer, ich warte in der Lobby. Larry kommt 'runter.

„Hey George, nice to see you again. I'm happy you recommended this place to me, it's nice, I'm now here."

„Hi, nice to see you. Is there anything more I could help you?"

„Well – yes, maybe…you know, the girls here, doing massages and all, can you get from them anything you like?"

„Well, you can get here anything that you like, but not from anybody. They're all different. But you can ask anybody, there's no reason to be shy. Either she gives you what you want, or she'll tell you who does."

„Well, that's not what I mean you know, I'm rather looking for something else."

„So, what is it that you're looking for?"

„Well, you know, I'm actually not into this sex industry thing, you know, I'm rather looking for a woman to have a real relationship with. Do you think I can find that here too?"

„Yes, sure you can. You can find here everything. Just what you're looking for will take a little time."

„That sounds very buddhist. Since how long do you know this hotel?"

„Since thirteen years."

„Okay, these girls who offer the massages here, are they also into that sex thing?"

„I don't know, I've never tried. But just ask them, each one may be different. Oh, my girlfriend is coming. Tig, this is Larry. Larry, this is Tig. We're just about to go for dinner."

„Nice to meet you and hope to see you around, bye bye."

Draußen fragt Tig: „Wer war das?"

„Der Amerikaner, von dem ich dir erzählt habe. Er suchte ein besseres Hotel, und ich habe ihm unseres empfohlen und jetzt ist er da. Er sagt, er sucht ein Mädel für eine feste Beziehung. Er fragt, ob man das hier finden kann. Ich habe ihm gesagt er kann, aber das wird etwas länger dauern."

„Ja, das braucht Zeit, das geht hier nicht so schnell."

21:30 Uhr

Ich treffe Duean Pen an der Bar.

„Hallo George, wie war dein Ausflug zum Wat Pra Bat?"

„Oh, es war ein guter Ausflug, wenn auch sehr traurig. Ich

habe viele Menschen gesehen, die ihr Leben verlieren und viele Tote. Aber jetzt weiß ich das, was ich über HIV vorher nur im Kopf wusste, auch mit meinem ganzen Körper und mit meiner ganzen Seele bis in die Fußsohlen. Jetzt weiß ich es wirklich. Deshalb nenne ich es einen guten Ausflug."

„Habt ihr mit den Menschen auch sprechen können? Habt ihr sie auch berührt?"

„Ja. wir haben mit einigen gesprochen, aber berührt haben wir sie nicht, nur einer hat mir die Hand gereicht."

„Aber die sind doch alle HIV positiv, ist das nicht ansteckend?"

„Nein, nur wenn Flüssigkeit von einem Körper in den anderen gelangt, Blut oder Samenflüssigkeit. Bei Spucke bin ich mir nicht so sicher. Durch Händeschütteln passiert nichts, man kann sie überall anfassen und sich anfassen lassen. Es tut ihnen gut, wenn man nicht vor ihnen zurückschreckt."

„Ich verstehe."

Wir schweigen eine Weile, dann fragt sie:

„Was haben sie gesagt?"

„Sie haben erzählt, wie es zu ihrer Infektion kam, von den Stadien der Krankheit, die sie durchmachen, Schmerzen in den Lymphdrüsen, Flecken überall auf der Haut, Atembeschwerden. Irgendwann können sie nicht mehr gehen, dann nicht mehr essen. Sie werden inkontinent, magern ab bis aufs Skelett, und dann sterben sie."

Wieder sind wir eine Weile still, dann sagt sie:

„Ich habe Bilder gesehen. Das sieht aus wie nur noch Skelett und Haut. Ist das wirklich so?"

„Ja." Ich fasse ihren Oberarm an. „Schau, da ist die Haut und da drinnen ist Knochen." Ich drücke ihren Arm, bis ich den Knochen spüren kann. „ Und dazwischen ist nichts mehr, kein Leben."

„Kein Fleisch?"

„Ja, kein Fleisch, nicht einmal mehr Muskeln, vielleicht noch ein paar Sehnen. Und die Haut wird immer dunkler, fast schwarz, wie bei einem Wasserbüffel."

Wieder schweigen wir, dann sagt sie:

„George, danke, dass du mir das erzählt hast."

„Eine Frau war da, die hat einen kleinen Brief geschrieben an alle Frauen, die mit Männern arbeiten und ihn mir gegeben, damit ich ihn weitergeben kann. Sie ist HIV positiv und schreibt, dass Geld nur für kurze Zeit glücklich macht und bittet alle, ihr Leben wichtiger zu nehmen als Geld. Sie hat Sex ohne Kondome gemacht, wenn die Männer dafür mehr bezahlten."

„Verstehe."

Ich zeige ihr den Brief, sie liest.

„Ich habe zweihundertfünfzig Kopien gemacht und jede Kopie in ein kleines Tütchen gesteckt, zusammen mit drei Kondomen. Ich möchte gerne jedem Mädel hier im Biergarten ein solches Tütchen schenken, aber ich weiß nicht recht, wie ich es so geben kann, dass es auch verstanden wird. Die Regierung hat schon Aktionen gemacht und Kondome verteilt, und dann haben einige Mädels sich einen Spaß daraus gemacht und sie zu Luftballons aufgeblasen."

„Ja, ich verstehe. Aber wir werden dir helfen. Wenn wir das selber machen, wird so was nicht passieren. Hast du sie hier?"

„Ja, hier in dieser Plastiktüte."

Sie nimmt die Plastiktüte, winkt ein paar Freundinnen herbei. Ich erkenne mehrere wieder, die ich interviewt habe.

„Hört zu", sagt sie, „George hat uns ein Geschenk mitgebracht, für jede von uns eins, es ist ein Brief von einem working girl, die HIV positiv ist, an uns. Und drei Kondome. Die hat er selber bezahlt. Und er macht sich Sorgen, dass das Geschenk nicht richtig verstanden wird, wenn er es selbst verteilt. Deshalb habe ich zu ihm gesagt, dass wir ihm helfen. Wer macht mit?"

Alle, die zugehört haben, machen mit. Duean Pen verteilt großzügig Tüten, „aber für jede nur eins", und die Mädels schwärmen aus, in den ganzen riesigen lauten Biergarten hinein und verteilen die Geschenke mit der typischen thailändischen Feierlichkeit. Und wenn so gegeben wird, dann wird auch dankbar genommen.

Es geht sehr schnell. Die eine gibt der anderen mehrere Tüten und diese verteilt sie weiter, und schon bald ist die Sache erledigt. Ca. 80 Tüten kommen zurück.

„Alle haben schon eine.“

„Gut, du machst das so wunderbar. Es waren ja jetzt nicht alle da, würdest du sie auch an die weitergeben, die noch kommen?“

„Ja, das mache ich gerne, du kannst dich auf mich verlassen. Es ist so ein wichtiges Geschenk.“

อยากให้เด็กอาชีพอย่างนี้เยอะๆค่ะ
เงินไม่สามารถรักษาชีวิตเราขอเราได้
เงินให้ความสุขได้เพียงชั่วคราว
แต่ไม่ใช่ตลอดไป

โดยค่ะ

กับเพื่อน HIV⁺

จากวัดพระบาทน้ำพุ
วันที่ 25 มกราคม
2551

An alle Frauen, die mit Männern arbeiten!

Bitte bedenkt, dass Geld nur kurze Zeit glücklich macht und setzt dafür nicht euer ganzes Leben aufs Spiel.

Liebe Grüße

Tabfang HIV+

Vom Tempel Wat Pra Baht Nam Pu [4]

Am 25 Januar 2008

---

4. Tempel zur Quelle am Fuße des Berges.

Ich komme ins Ginaree, Larry sitzt da, den Tisch voller Reise-
führer. Er winkt mich zu sich:

„Hi George, how're you doing?"

„Oh thanks, I'm fine. How do you get on with the girls?"

„Well, I don't know. I mean I know, but I can't quite understand what it means."

„What is it, that you don't understand?"

„Well, you know, I met a nice girl at the Robinson, you know,
the big Kaufhaus, I think, that's how you Germans call it,
at the Soy 15 or so, and she's quite pretty and speaks fairly
good English, and we had a walk in the park, you know, right
opposite the Sukhumwit, it was really nice to have a walk with
her, but I didn't know whether she expected me to give her
some money, and when we had to pay 40 baht to a scooter
driver I had no fitting money at hand, my smallest note was
a thousand baht, and so she paid him from her own money.
I thought that was very interesting, and later on I took her to
my hotel room and she made a remark like: ‚Well, it's not such
a nice hotel,' and well, I don't know what that means, it's not
what one would expect if someone wants to make a somehow
closer contact. And then she didn't do anything but just sat on
my bed with her clothes on and I didn't really know what to
do and after some time she said she had to go and I suggested
her to meet again and she said okay, she could come at seven
o' clock in the evening and later on she said ‚I will come back

at seven or seven thirty or I will never come.' And then she just went out of the room, and then at seven or seven thirty she didn't come. And now I don't know what that means. First she pays the 40 baht, then she makes that remark about the hotel, and then she says she'll come or maybe never come, and then she doesn't come. I just don't understand the whole thing. Do you think she's working in the sex industry, and is that a kind of cultural thing that I don't understand?"

„What did she say about how she makes her living?"
„Oh, that's a very interesting question. She said that she had worked in a factory, but the business there went bankrupt and so her work there was finished and that now she is unemployed."
„Okay, if she says so, it most probably is true, but most probably it is also true, that she works in what you call the 'sex industry', otherwise she would have had no knowledge about different standards of hotels. And as you didn't offer her any financial help when she said that she's unemployed, to her that means that you don't care or are miserly, and then she sees not much of a reason to come back. That's the cultural misunderstanding. A girl in the west might have felt abused, thinking you make her a whore, if you had offered money to her. A girl in Thailand would be delighted and think that you care about her."
„Aha, that's a completely different understanding."
„Yes, quite different."

Ich gehe in den Biergarten, suche Duean Pen. Alle, an denen ich im dichten Gedränge vorbeikomme, alle Mädels und sogar einige Jungs begrüßen mich, ich bin jetzt hier bekannt wie ein bunter Hund.

Die Mädels: „Sawasdika Kun George," die Männer: „Hi George, how're you doing, that's a really interesting thing that you're doing here."

Duean Pen ist nicht auf ihrem Stammplatz, ich frage zwei Mädels nach ihr.

„Ich habe sie vorhin in diese Richtung gehen sehen, vielleicht ist sie mit einem Kunden unterwegs. Nein, da drüben ist sie."

Jetzt sehe auch ich sie und wir alle winken.

„Hallo Duean Pen, George sucht dich!"

„Danke, dass ihr mir geholfen habt. Guten Tag Duean Pen, ich habe da ein Problem, da ist etwas, das ich nicht verstehe. Hättest du vielleicht eine Stunde Zeit? Ich denke, du könntest mir helfen."

„Ja, natürlich, du weißt, wie gerne ich dir helfe."

„Ich würde dich gerne zum Essen einladen, irgendwo hin, wo es nicht so laut ist, wo wir besser reden können. Weißt du etwas, wo das gut geht und wo du gerne hingehst?"

„Ja, aber da ist es sehr teuer."

„Das macht nichts, wenn du, Duean Pen, mit mir gehst, dann ist mir nichts zu teuer."

„Gut, dann lass uns gehen."

Sie geht vor, wieder geht es die Sukhumwit 'rauf. Uhren, Buddhafiguren, schwarze Phalli, Handtaschen, unter der Hand geflüsterte ‚sexy video'? Die sind hier verboten. Dann links in die Soy 11, auf den Bürgersteig 'rauf, ein Hund, vom Bürgersteig 'runter, ein Imbissstand, auf den Bürgersteig 'rauf … bis wir da sind.

Ein Open Air Jazzlokal. live Musik, zwei wirklich sehr gute Saxophonisten. In diesem Land spielt sogar der König Saxophon.

„…und er spielt sehr gut," sagt Duean Pen und „nein, ich will gar nichts essen, ich habe gar keinen Hunger, aber hier sind die Mai Tais so gut."

„Also gut, 2 x Mai Tai Cocktail bitte. Weißt du eigentlich, dass die Mai Tais gar nicht aus Thailand, sondern aus Haiti kommen?"

„Haiti? Wo ist das?"

„Das ist eine Insel in der Nähe von Kuba. Da gibt es jede Menge Zuckerrohr, also Rum, und daraus hat man dort den Mai Tai kreiert. Ich habe auch lange gedacht, er wäre ein Thai Getränk, weil das Wort so thailändisch klingt: Mai Tai, Thaibaum, aber das ist wohl nur Zufall."

„Jedenfalls schmeckt er köstlich, ich liebe Mai Tai, aber nach einem einzigen Mai Tai kann ich nur noch Tonic Water trinken, weil ich sonst sofort betrunken bin. Die Musik ist wunderbar. Okay, was kann ich dir helfen?"

„Es ist etwas aus den Interviews, das ich nicht verstehe. Also alle Mädels haben entweder Kondome in der Tasche, oder sie gehen zum Seven 11. Und wenn ich sie dann frage, ob das mit dem Seven 11 auch funktioniert, dann sagen sie: „Manche Leute haben ein gutes Herz, und manche Leute haben kein gutes Herz'. Alle sagen das, und ich verstehe das nicht."

„Jetzt verstehe ich nicht, was du nicht verstehst, das ist doch ganz einfach."

„Ja, das mag ja sein, aber ich verstehe das trotzdem nicht. Was hat ein gutes Herz mit Kondomen zu tun, und was meinen sie eigentlich, wenn sie sagen ‚gutes Herz – schlechtes Herz'? Bedeutet das, dass jemand sympathisch oder unsympathisch ist oder dass er vielleicht eine Locke wie Elvis hat oder besonders sanft redet? Wahrscheinlich ist meine Vorstellung von ‚gutes Herz – nicht gutes Herz' zu verschwommen, und deswegen möchte ich das genauer wissen. Bitte sag' mir alles, was du weißt, damit ich es genau verstehen kann, ich glaube, das ist sehr wichtig."

Sie denkt eine Weile nach, dann sagt sie:
„Okay, nimm einen von deinen großen Zetteln, ziehe einen Strich von oben nach unten mitten durch und auf die eine Seite schreibe oben ‚Jay dee' hin und auf die andere Seite ‚Jay mai dee'."
Ich mache das genau so.
‚Jay dee' bedeutet ‚gutes Herz', ‚Jay mai dee' bedeutet ‚kein gutes Herz'.

„So, und links schreibe hin: ‚Er kann reden‘.

„Okay, und rechts: ‚Er kann nicht reden‘?"

„Nein, er kann schon reden, aber nicht höflich. Er redet schmutzig.

Und links schreib hin: ‚Geld spielt keine Rolle, er ist großzügig‘. Und rechts schreib‘ hin: ‚Er lügt, er bezahlt nicht, er kann nicht bezahlen‘."

„Kann nicht oder will nicht?"

Sie denkt nach.

„Er zahlt nicht gerne, das ist es. Und links schreib‘ hin ‚er kümmert sich um sich selbst und andere‘, und rechts schreib‘ hin ‚er kümmert sich nicht um sich selbst und um andere‘."

„Okay, und was ist mit ‚er kümmert sich um sich selbst und nicht um andere‘?"

„Das gibt es nicht. Entweder er kümmert sich, und dann kümmert er sich um sich selbst und andere, oder er kümmert sich nicht, und dann kümmert er sich nicht um sich selbst und andere. Es gibt nur zwei Möglichkeiten. Er kümmert sich oder er kümmert sich nicht. Und links schreib hin ‚er ist nicht faul‘ und rechts schreib hin ‚er ist faul‘. Und wenn er nicht faul ist und sich um sich und andere kümmert, dann benutzt er Kondome. Das ist gemeint mit ‚Jay dee‘ und wenn er faul ist und sich nicht kümmert, dann will er keine Kondome benutzen."

„Aha, und das ist dann gemeint mit ‚Jay mai dee‘."

„Ja."

„Und das mit dem Geld?"

„Wenn er sich kümmert, dann bezahlt er auch gerne, wir brauchen das Geld doch."

„Aha, jetzt verstehe ich das, ‚Jay dee' heißt ‚sich kümmern', ‚to care', und ‚Jay mai dee' heißt ‚sich nicht kümmern', ‚not to care'. Ich glaube, das ist das, was ich bisher ‚Respekt' und ‚Verwahrlosung' genannt habe."

Ich benutze die deutschen Wörter.

„Okay, das sind dann die Farangwörter dafür.

Wie war das noch mal? ‚Risapekta und Velawah…' das ist sehr schwer auszusprechen. Ich sage lieber ‚Jay dee' und ‚Jay mai dee'."

„Ja, ich glaube, das ist besser für dich und deine Zunge."

Sie lacht. „Und übrigens gibt es auch unter den Frauen welche, die ‚Jay mai dee' sind."

„Duean Pen, du bist wunderbar, ich habe heute viel von dir gelernt, herzlichen Dank!"

„Und der Mai Tai war prima, herzlichen Dank!"

Wir legen beide die Hände zusammen. Ich schaue auf die Uhr. Genau eine Stunde, gutes Timing.

22. Januar, 23:00 Uhr

Ich sitze im Ginaree, trinke Cafe, schreibe. Larry kommt.

„Hi, how're you doing, getting along with your research?"

„Oh fine, thank you, got a lot to write. And how are you getting along with the girls?"

„Well, there's something I'm just trying to figure out. I met a girl today at the Soy cowboy. Do you know that?"

„No, Soy cowboy, what is that?"

„Well, that's a huge go-go-bar at the Kao San."

„Kao San? That means rice market – oh yes, I remember, that's close by the river, East side, isn't it? Pretty far away from here. I remember, I've been there once, with Tig and Bee, her friend, and with our daughter. It's quite a big place."

„Yes, most of the tourists go there and there is the Soy Cowboy. I wouldn't have gone there, but I was there with two friends of mine, both Americans, one of them is over 70 years old, he got divorced three years ago and now he has come here to live here forever, and I like him very much, he's really a nice guy. Actually I came here to visit him. Well, so we were sitting together on the bar and one girl came to us and she said: ‚Well, who of you three shall I go with?' She speaks very good English, and then the two other men started to gamble with matches and we actually pokered for her and the win fell on me, and then she said, and that's interesting, she said to me: ‚That's great, I would have chosen you anyway,' and so I took her to my hotel room and she immediately started to go into that sex thing, you know, oral sex and so, but I cannot, you know, I don't like it so fast, and I couldn't just, well, you know what I mean? It just doesn't work with me that way."

„Yes, I know what you mean."

„And then she gave me her phone number, and you know,

she's really nice and her English is really good, but I wonder if these girls who have worked in the sex industry for some time, then how can they have a romantic love afterwards?"

„Oh, but they're not romantic anyway. Whether they have worked with men before or not, that doesn't matter. They anyway are not romantic. They are quite matter of factly. What they want is a husband who brings his money home, does not go to other women and does not drink too much whisky. Apart from that you may do whatever you like to do, you can watch TV the whole of the night or stand on your head for hours, it doesn't matter. Just bring your money home, don't go to other women and don't drink too much. And they will raise your children, keep your house tidy, cook your favourite dishes every day and care for you in every possible way."

„Yes, I can imagine that."

„And that's not romantic, but it's very much realistic."

„That sounds good."

„And they will never ever try to educate you."

„As they do in the west."

„Yes."

„That puts a new light at the whole thing."

„Yes. And as for romantic love, from the buddhist point of view it is a cause of multiple sufferings. It only works at a certain hormonal condition when you fall in love, and after a few weeks or months the hormonal condition changes and the honeymoon is over. But if you go on carrying the idea of romantic love in your mind, reality will disappoint you continuously. Then the girls will become bitchy and the boys will escape to the pub and play cards with their friends. And everybody puts the blame on the other, you know, the whole catastrophe. The Thais don't dream such dreams, and thus they don't get frustrated. It's the dreams that cause the suffering, it's not the girls, and it's not the boys either."

„Okay, that I can see. Romantic love anyway isn't a very old thing."

„Yes, some three hundred years, I guess."

„Well yes, Shakespeare was the first one to kind of mention such a thing, and that was about four hundred years ago."

„Ah, was he? Okay then, four hundred years. And now, I think, it's about time to forget about romantic love and come to the real thing, realistic love. Anyhow we're both old enough, you look like being 45. Are you?"

„No, 50."

„Okay, 50. And I'm 59. We're both old enough."

„That sounds good. And there is another question that bothers me. You are doing that research about AIDS-prevention. Do you know about oral sex without condoms, I mean: is that dangerous?"

„I don't really know. At the Soy 12 there is a hospital, there they merely suggest not to swallow, they do not advise to use condoms. I know that the HI virus has a hard time to survive when it comes in contact with human spittle. But I don't really know how safe the ‚don't swallow' is. I'm not a physician."

„Oh, I see."

23. Januar, 19:00 Uhr

Ich nehme mir eine Flanke der großen Bar vor, fange beim ersten Mann an.

„Excuse me," er schaut mich an. „I'm doing a research about AIDS prev..."

„No."

Er wendet sich abrupt ab.

Der nächste Mann.

„Excuse me please, I'm doing a research about AIDS-prevention, would ..."

„No."

Auch er wendet sich abrupt ab. Beide waren so schroff, abweisend, feindlich, es hat mich verletzt.

Zum nächsten Mann:

„Excuse me please, I'm doing a research about AIDS-prevention. Would you mind, if I'd ask you a few questions?"

„What d'you want to know?"

„It's about condoms. Do you use condoms, when you go with a girl?"

„Yes."

„Always?"

„Yes."

„Do you have condoms with you?"

„No."

„What do you do then, when you go with a girl?"

„Either she has, or we buy some."

„Thanks, that's all."

„Okay."

Der nächste: „Excuse me please, I ..."

„No, I won't."

Wieder eine Abfuhr. Ich gehe rüber zu Duean Pen, sie sieht mich kommen:

„Was ist los mit dir, geht's dir nicht gut?"

„Puh, ich hab's schwer mit den Männern. Sie wollen nicht mit mir reden, nur einer von vieren."

„Wo warst du denn?"

„Da drüben, an der Bar da drüben."

„Oh, an der Bar mach' das lieber nicht, da sitzen die ‚Jay Mai Dee' Männer. Bleib lieber hier, hier findest du genug. Hier zum Beispiel, frage Frank, er ist gut."

Ich frage Frank und dann Rudie und Walter und Jack und alle haben entweder Kondome in der Tasche oder gehen zum Seven 11 und mit allen ist das Interviewen ganz einfach, sie sind gut drauf.

„Das kommt mir so vor, als gäbe es zwei Sorten Männer. Die einen sind gut drauf, scherzen mit den Mädels 'rum und machen keine Schwierigkeiten, weder mit dem Reden noch mit den Kondomen. Und die anderen sind nicht ansprechbar, reden nicht mit den Mädels und sitzen einsam mitten im Gedränge und starren vor sich hin."

„Ja, ‚Jay Dee' und ‚Jay Mai Dee'."

„Ja. Und ich weiß jetzt nicht, wie die ‚Jay Mai Dees' es mit den Kondomen halten."

„Sie machen Schwierigkeiten mit dem Reden und mit den Kondomen und sitzen meistens da drüben."

„Wie viele mögen das sein?"

„Ich weiß nicht."

„Ich meine: Aus zehn Farangs," ich halte alle zehn Finger in die Luft, „wie viele davon sind ‚Jay Mai Dee'?"

Sie legt ihren Kopf nach links, macht rhythmische Bewegungen, als würde sie etwas abzählen, dann sagt sie: „Zwei" und nimmt zwei meiner Finger in ihre Hand.

„Okay, das heißt, dass acht ‚Jay Dee' sind."

„Ja."

„Okay, und aus zehn Farangs", ich halte wieder alle zehn Finger in die Luft, „wie viele davon wollen keine Kondome benutzen?"

Diesmal kommt die Antwort schneller:

„Da, dieser eine."

Sie nimmt meinen kleinen Finger der rechten Hand.

„Also neun sind bereit, Kondome zu benutzen?"

„Ja."

„Okay, und von zehn Mädels", ich halte wieder alle zehn Finger in die Luft, „wie viele davon sind ‚Jay Mai Dee'?"

„Das geht nicht mit zehn, da brauchen wir hundert."

„Okay, also aus hundert Mädels: Wie viele davon sind ‚Jay Mai Dee'?"

Sie hält wieder den Kopf schräg, diesmal nach rechts, fast als wäre das die Seite für die Mädels, und sagt dann: „ Zwei oder drei."

„Okay, und wo kommen die ‚Jay Mai Dee' Farangs hauptsächlich her?"

„Aus Schweden", sagt sie sofort, und nach einer Weile: „Und auch aus Amerika."

„USA?"

„Ja."

„Japan, Korea?"

„Nein, die sind in Ordnung."

„Sonst noch aus Europa?"

Sie spricht ihre Gedanken: „Deutschland, nein; England, nein; Frankreich, nein. Nein, in Europa nur Schweden. Das gehört doch zu Europa?"

„Ja.Was ist mit Afrika?"

„Nein."

„Australien?"

„Nein."

„Indien, Arabien?"

„Ich gehe nie mit Indern und nie mit Arabern, die sind alle ‚Jay Mai Dee'."

„Das ist sehr interessant. Dasselbe möchte ich gerne noch ein paar andere fragen."

Es ist jetzt sehr leicht geworden. Alle kennen mich, und alle sind gerne bereit, dieses lustige Zehn-Finger-Spiel mit mir zu machen. Ich mache noch sieben weitere Interviews, und die Ergebnisse sind sich alle sehr ähnlich, zwei ‚Jay Mai Dees' und ein Kondome Verweigerer auf zehn, und bei den Mädels 1 bis 5 % ‚Jay Mai Dees‘. Und abgesehen von Einzelnennungen wie einmal Frankreich und einmal Polen, immer wieder Indien und Arabien, und mit ‚Arabien‘ ist der ganze mittlere Osten und Nordafrika bis hin nach Marokko gemeint.

„Diese drei Männer sitzen immer noch da. Was mögen sie denken?"
„Ich rede nicht gerne über andere Leute."
„Ja, ich auch nicht, aber jetzt ist es für die Wissenschaft."
„Also gut, ich denke, irgendetwas schmutziges."
„Und mit denen habt ihr es dann schwer."
„Vor denen haben wir Angst."

23. Januar, 23:00 Uhr

„Well, it's again the one I met at the GoGo Bar, she's really beautiful, and her English is really great, but I would like to spend a whole day with her, and then she says she can't, because she has to work. And she tells me about her mother and father and that they all are in desperate need of money and I just don't know how to get along with that."
„So why don't you just ask her about how much she makes a day, one thousand or two and then give her that money and so give her a day off and ask her to spend that day with you?"
„Oh, that seems to be a good idea."

„Would you like to go with me to the Old German Beerhouse? They have a nice bar there and my girlfriend isn't here tonight, she's got a lot of things to do at her house and tomorrow morning she'll bring food to the monks of her home temple." „Oh yes, that'll be good for a change."

Wir gehen 'rüber zum Old German Beerhouse und setzen uns an die Bar. Pueng und Jum kommen um uns zu begrüßen und sich nach meinem Wohlbefinden zu erkundigen. Wir bestellen beide hot chocolate.

„I have talked with my girlfriend about you, and she sends you a message."

Er freut sich offensichtlich.

„Oh, that's interesting."

„She says, there is one thing about Thai women that you should know."

Suree kommt an die bar und begrüßt uns.

„George, wo ist deine Freundin?"

„Sie ist zu ihrem Haus gefahren, weil sie morgen sehr früh zum Tempel gehen will, um Tam Bun[5] zu machen."

„Aha, verstehe. Sie ist ein sehr guter Mensch. Geht sie mit dir nach Deutschland?"

„Nein, aber im Oktober kommt sie nach."

„Für immer?"

„Jetzt noch nicht, das geht erst, wenn unsere Tochter mit dem

5. Tam Bun heißt: Verdienste erwerben, indem man den Mönchen spendet.

Studium fertig ist, das dauert noch drei Jahre."

„Noch drei Jahre? Das ist lange. Du solltest sie heiraten, sie ist ein wunderbarer Mensch."

„Danke, vielleicht werde ich das tun."

„What does she say?"

„She asks where my girlfriend is and says she has a very good heart and I should marry her."

„Aha. And what is it that I should know about Thai women?"

„Well, Tig says, that Thai women do fall in love, but they fall very, very slowly, not like we do in the west, head over heels. She says, that it took her more than a year to fall in love with me, she says she liked me from the beginning, but it took more than a year until that liking had grown into what she considers to be love. And she also said, that that liking grew into love, because she could see that I did care about her. And she said that's how it goes with all the women in Thailand. That's the whole secret. If you want her, show her that you care, and be patient. You must have seen in the TV, how the queen, she's not really the queen, she's the king's wife, but he's too old now to travel much, but she travels the country up and down and shows that she cares, hands over windjackets to hill tribe people so that they won't freeze and blankets to mothers of handicapped children and sleeping bags to people who have lost their homes and so on and so on. And you must have seen Thai people, eating together, spooning pieces of their meals to the plates of others. It's to show that they care. And the monks in the TV every night say: ‚Just care about your own caring and don't worry about your being cared for'."

„Oh, I see. Is that a buddhist thing?"

„Yes, that's a buddhist thing."

„Oh, I see. And why are the girls here so nice to you? Come here to greet you and ask about how you do and all that?"

„Well, why not ask them? Here is Pueng. She speaks English very well, and I adore her a lot. She works here every day for six hours, then goes home to study her books for six hours, then goes to sleep for six hours and then goes to her University for six hours, six days a week, and she has been doing that for four years, and on 21st of February she will do her final exam. Pueng, my friend would like to know why you and Suree and Jum are so nice to me, come and greet me and smile at me."

„Oh, that's because George has a very good heart and he always looks at us and sees us and asks us about everything. He takes interest in how we are doing, and he likes us. And that's why we like him, we all like him."

Sie legt die Hände zusammen, auch ich bedanke mich mit zusammengelegten Händen.

„Thank you Pueng, you are wonderful."

Und ich wende mich zu Larry:

„You see?"

„Yes, now I can see. It's all about caring. Caring for and caring about."

Yes, and that's the Buddhist thing. And it's the same about love. Love is not something that happens between people, between you and somebody, between me and somebody, but love is a force that comes out of your heart, out of my heart, out of Pueng's heart, and it sometimes grows stronger and sometimes falls weak."

„Oh yes, that I have experienced myself, sometimes I did not want even to go to dinners with many people, but preferred to stay in my own room alone, because there was no what you call ‚love force'."

„Yes. So our love is our own love, and we just tend to direct it to this person or that person, and when that person takes leave or dies or goes to a new boyfriend, that does not mean that our love also goes. It only means that we've got to direct it to somebody new. And there are so many people around, we don't need to search long. And what's Buddhist about it, is that all we've got to do is to care about our own love, the love force that comes from our own heart, to give space to this force, instead of continuously worry about the love that we get or do not get. You know this she-loves-me-she-loves-me-not thing."

„Oh yes, I can see. That's a really interesting way of looking at it."

„Yes, and all you got to do is find somebody whom you would like to care about and care for and if she doesn't mind just go ahead and not ask too much about the girls's ability to love after having worked with men. I have talked to so many of them in all these years and I'm absolutely certain that they may do what they do, but that's not what they are. There is only a very thin mask of ‚sex-worker', and right underneath that mask are beautiful women, mothers, daughters, sisters, country girls, absolutely worth loving and absolutely able to love, and this ability to love has not even been scratched by whatever they might have been doing. I have no worries about that. My worries are only about the condoms."

Wir sitzen eine Weile still. Suree kommt und fragt, ob wir noch 'was brauchen.
„Ja, bitte noch zwei hot chocolates."
„Dein Freund ist so still. Hat er ein Problem?"
„Nein, er lernt nur gerade die thailändischen Frauen kennen. Er möchte eine finden zum Verlieben, und das ist eigentlich kein Problem, das ist eher ein Abenteuer."
Sie lacht: „Ein schönes Abenteuer, auch für die Frau, die er dann lieben wird."
„What does she say?"
„She says, happy will bet the one who will be your beloved."
Er lacht: „This girl is really lovely."

Nach der hot chocolate sagt er:
„Now I pay the bill, last time you did."
Als er das Trinkgeld in die Mappe schiebt, sage ich:
„If you give it to her in the map, it will be shared with all the others. If you give it to her into her hand, then it's hers. It's a way to show that you care."
„Ah, I didn't know that."
Er drückt ihr die Scheine in die Hand. Sie freut sich offen-

sichtlich und dankt ihm mit gefalteten Händen.

„Thank you, good bye, see you again."

„Aha", sagt er, „I show that I care, and she shows that she likes it. That's how it works."

„Yes, that's how it works."

„I've learned a lot today, now it's time to go to sleep.

24. Januar, spät abends im Ginaree:

Ich fasse meine Untersuchungsergebnisse zusammen. Eine letzte, aber entscheidende Frage ist noch zu beantworten: Würde ich hier eigentlich noch gebraucht werden?

Es hat sich sehr viel geändert in den letzten zehn Jahren:

1 Alle wissen, was HIV ist, wissen, dass HIV infiziert zu sein AIDS bedeutet und frühen Tod.

2 Alle wissen, dass Kondome das einzig wirksame Mittel gegen die Infektion sind und alle wissen, wie man sie richtig benutzt, man muss nicht bei den Blümchen und den Bienchen anfangen.

3 Alle machen sich Sorgen.

4 Alle Befragten haben eine Methode, sich rechtzeitig mit Kondomen zu versorgen, sie haben entweder die Kondome in der Handtasche oder sie gehen zum Seven 11.

5 13 von 14 befragten Mädels sagen, dass sie immer Kondome benutzen. Und ich habe keinen Grund gefunden, das zu bezweifeln.

6 Keine Frau hier verlässt sich mehr auf die Männer, wie das noch vor zehn Jahren war. Und die „I never trust any man"- Bewegung ist im Vormarsch.

7 Fast alle weisen aber auch darauf hin, dass nicht alle Frauen so zuverlässig handeln, und das wird häufig im Zusammenhang mit Alkohol und anderen Drogen gesehen, manchmal auch mit Geldnot.

Es gibt also immer noch etwas zu tun, aber das ist nicht das, was ich gut kann. Die Drogenszene müsste ich erst einmal suchen, sie ist mir in vierzehn Jahren nicht ein einziges Mal begegnet.

Das, was ich gut kann, ist inzwischen ganz von selbst geschehen. Und das ist eine gute Nachricht, ein Grund zur Freude. Und ich sehe keinen Grund mehr, mich hier einzumischen.

	Poon	Oey	Noy	Marina	Mai Lin	Duean Pen	Nid
Wie alt bist du?	28	38	23	28	32	41	26
Benutzt du Kondome?	ja	ja	ja	ja	ja	ja	ja
Benutzt du jedesmal Kondome?	ja	ja	ja	ja	ja	ja	ja
Hast du Kondome in der Tasche?	ja	nein	ja	nein	ja	ja	nein
Hast du immer Kondome in der Tasche?	ja	nein	ja	nein	ja	ja	entfällt
Würdest du sie mir zeigen?	ja	entfällt	ja	entfällt	ja	ja	entfällt
Machen andere Frauen das genauso?	ja	nein	nein	nein	nein	nein	nein
Wie lange bist du im Geschäft?	2 Jahre	3,5 Jahre	6 Monate	4 Jahre	Neu	2 Jahre	2 Monate
Bist du Erstgeborene (Pi) oder Zweitgeborene (Nong)?	Pi	Nong	Pi	entfällt	Pi	Pi	Pi
Kaufst du Kondome im Seven 11?	entfällt	ja	entfällt	ja	entfällt	entfällt	ja
Wie geht das Geschäft, gut oder schlecht?	schlecht	50/50	50/50	gut	entfällt	gut	50/50
Wo kommst du her?	Isan	Nord-thailand	Isan	Moskau	Ho Chi Minh	Isan	Isan

	Toy	So	Arunee	Mu	Gai	Ari	Da
Wie alt bist du?	39	40	32	36	32	34	38
Benutzt du Kondome?	ja	ja	ja	ja	ja	ja	ja
Benutzt du jedesmal Kondome?	ja	nein	ja	ja	ja	ja	ja
Hast du Kondome in der Tasche?	nein	nein	ja	nein	nein	nein	nein
Hast du immer Kondome in der Tasche?	entfällt	entfällt	ja	entfällt	entfällt	entfällt	entfällt
Würdest du sie mir zeigen?	entfällt	entfällt	ja	entfällt	entfällt	entfällt	entfällt
Machen andere Frauen das genauso?	nein	nein	weiss nicht	nein	nein	nein	nein
Wie lange bist du im Geschäft?	6 Jahre	13 Jahre	2 Jahre	3 Jahre	2 Jahre	3 Jahre	6 Jahre
Bist du Erstgeborene (Pi) oder Zweitgeborene (Nong)?	Pi	Pi	Nong	Pi	Nong	Nong	Pi
Kaufst du Kondome im Seven 11?	ja	ja	entfällt	ja	ja	ja	ja
Wie geht das Geschäft, gut oder schlecht?	50/50	50/50	weiss nocht nicht	50/50	50/50	50/50	gut
Wo kommst du her?	Isan	Isan	Isan	Isan	Isan	Isan	Isan

Duean Pen kommt vorbei, winkt, ich winke sie zu mir:

„Was für eine Überraschung, ich freue mich sehr, dich zu sehen!"

„Hallo George, ich freue mich auch, ich wollte dir unbedingt noch sagen, dass du die jungen Leute nicht vergessen darfst, die Schulmädels und -jungs, die Studenten. Die sind oft noch sehr leichtsinnig, und da kann es schnell zu HIV Infektionen kommen."

„Oh ja, danke, die werde ich auch in meinem Buch erwähnen. Du wirst auch in dem Buch vorkommen. Möchtest du mit deinem richtigen Namen darin erscheinen oder mit einem Synonym?"

„Mit meinem richtigen Namen:"

„Ich möchte dir gerne eins schenken, wenn es fertig ist. Würdest du mir deine Adresse geben?"

„Ja, natürlich, schreib:"

Sie diktiert mir ihre Adresse.

„Schreibe in Farangschrift."

„Okay, magst du's mir in Thai darunterschreiben?"

„Nein, das ist nicht nötig, die Postboten können alle Farang-schrift lesen. Und außerdem kann ich nicht besonders gut schreiben."

„Okay, das macht nichts, das wird schon ankommen."

„Ich bin ganz schön müde, war lange bei einem Kunden und jetzt gibt's dort kein Taxi mehr und deshalb musste ich die ganze Soy 11 entlang laufen bis hierhin. Hier in der Sukhumwit gibt's immer Taxis. Heute habe ich gut Geld verdient und jetzt will ich nur noch nach Hause. Wenn du mich noch 'was fragen willst, musst du's jetzt tun, denn morgen fahre ich weg. Ein Kunde hat mich für einen ganzen Monat angeheuert, wir fahren zuerst nach Chiang May und dann durch ganz Nordthailand. Er bezahlt gut, und ich freue mich darauf."

„Mir fallen jetzt keine Fragen mehr ein. Alles, was ich wissen wollte, weiß ich jetzt. Ich möchte dir nur sagen, dass ich sehr froh bin, dich kennengelernt zu haben. Du hast mir von allen am meisten geholfen und ich bewundere sehr, wie du mit Menschen umgehen kannst."

„Danke. Und ich bin sehr froh, dich kennengelernt zu haben. Du bist so liebenswert, und ich werde dich nie vergessen."

Sie steht auf und geht. Von der Straße aus winkt sie noch einmal:

„Und ich freue mich auf dein Buch!"

Inzwischen ist es 04:30 Uhr. Zwei betrunkene Mädels kommen die Straße entlang, reden laut, pöbeln zwei Männer an, können nur schwer das Gleichgewicht halten.

Ein Farang, etwa um die 60, kommt mit einem Mädel ins Cafe. Er bestellt Bier, sie Reisnudelsuppe. Während sie isst, kommt eine andere Frau hinzu, knallt ihre Handtasche auf den Tisch:

„Why you look me! You not good. You tell me you love me. You stay with my friend!"

Sie schlägt mit der Hand auf den Tisch, einmal, zweimal, drei-mal.

„You not good."

Er sagt: „I'm sorry, I'm really sorry."

„Why you go with Aen. Why you go with Aen, pay everything for her?"

Sie bricht in Tränen aus.

„I tell you before, when you finish with Aen, you tell me. Why you not tell me?"

Nach einer Pause spricht sie weiter:

„Okay, I have time for you now. In afternoon I cannot have time. I have to go to birthday to my friend. I must give her some money, okay? I tell you before if you finish with Aen, you tell me. But you give money to her.

Okay, I can stay with you now, okay? I think you can under-stand, I have no money now, I want to be with you now, I want to talk with you. I don't want you angry. Sometimes I'm angry, because I love, but now I'm not angry, you have time for her, for be with her. I think you understand. I know a long time I want you to finish with her and I want go with you, not give your money to her. You understand? I think you understand. She smoke ice, you know ice? She no good. I know she go fuck with other men, you understand?"

Die andere:

„Warum bist du böse, warum störst du uns? Du willst mir nur das Geschäft kaputt machen."

„Nein! Warum sagt er, er liebt mich, und geht dann mit meiner besten Freundin?"

Die andere setzt sich an einen anderen Tisch.

Sie wieder zu ihm:

„Okay, we can go, if you finish with her, I'm happy with you. You know where you can find me, okay?"

Er nickt: „Yes, yes."

Sie steht auf. „Okay? You good heart."

Sie berührt seine Brust da, wo das Herz ist. Sie geht. Er weint. Die andere telefoniert, steht dann auf und geht hinter ihrer Freundin her.

Er ist allein. Er zahlt, winkt das Rückgeld ab, geht. Der Kellner räumt das ungetrunkene Bier ab, wischt den Tisch, rückt die Stühle zurecht. Alles ist wieder sauber, als wäre nichts gewesen. Ein kleines Drama in der großen Stadt.

Wenn sie betrunken sind, das kann ich gut glauben, dann ist das eine Schwachstelle im AIDS-Präventionssystem.

25. Januar, nachmittags

Der Siam Square ist der Inbegriff des modernen Asien. Riesige Gebäude, die alles enthalten, was der moderne Asiat zum modernen Leben braucht: Kaufhäuser, Kinos, Fitnessstudios, Restaurants, Bars, Wellnesseinrichtungen. Das alles ist verbunden durch ein Gewirr von Aufzügen, Gängen, Rolltreppen, Über- und Unterführungen. Als nicht Ortskundiger verläuft man sich sofort und hoffnungslos. Und überall ist es eiskalt, man muss sich warm anziehen, wie in München im Winter.

Naen hat uns ins Kino eingeladen, ihre Kommilitonin und beste Freundin See Eu, Mama und Papa. An der Bar vor dem Kinosaal kaufen wir heiße Schokolade und Popcorn, unglaublich viel Popcorn, wir warten auf den Einlass.
Naen sagt zu mir:
„See Eu meint, hier wären alle Leute so schön, und sie wäre die einzige hässliche hier."
„Sag ihr bitte, dass sie ein wunderschönes Mädel ist und dass sie sich wirklich keine Sorgen machen muss."
Naen wendet sich ihrer Freundin zu und spricht ihr ins Ohr. Es ist sehr laut, ich kann nichts verstehen. Dann leuchtet See Eu's Gesicht auf, sie schaut mich an, legt ihre Hände zusammen.
„Danke."
Der Film ist ein Walt Disney Film, in dem eine Prinzessin aus dem Märchenland von einer Hexe nach New York verzaubert wird, in dem es keine „happy ever afters" gibt, aber die Prinzessin, Giselle, wird dennoch glücklich. Hinterher erzählt mir Naen, dass auch sie sich fühlt wie eine Prinzessin.
„Ich bin genau wie Giselle, und See Eu auch."

Wir gehen einkaufen. Naen hatte sich eine Kamera gewünscht

und ich habe ihr eine versprochen. Jetzt fragt sie, ob es statt-dessen auch ein I-Pod sein kann. Es kann. Im Kaufhaus lässt sie sich alle I-Pods bis ins letzte Detail erklären, vergleicht, fragt, probiert aus. Es dauert lange, bis sie sich entscheidet. Und dann ist sie einfach glücklich.

„So einen Papa würde ich auch gerne haben", sagt See Eu.
„Ja, aber George ist ganz allein mein Papa."

Beide lachen, gehen voraus durch die Gänge. In ihren Schul-uniformen sehen sie einfach bezaubernd aus, weiße Blusen, schwarze Röcke, die Abzeichen der Universität. Überall sonst tragen sie private Kleidung, aber am Siam Square trägt man Schuluniform, mindestens die Hälfte des Publikums hier sind Schüler, College- und Universitätsstudenten. Hier will man sehen und gesehen werden.

Naen erblickt eine alte College-Freundin:
„Hallo Nid, wie geht's? Oh, du gehst jetzt in die Bangkok University! Ist es da gut?"
„Hallo Naen, schön, dich wiederzusehen. Ja, die ist gut, aber wir müssen furchtbar viel büffeln."
„Ja, das ist bei uns genauso, ich glaube, das ist überall so, aber wir machen auch viel Sport. Mein Wahlsport ist Fußball."
„Und meiner ist Tennis, ich liebe Tennis."

Am Ausgang des Gebäudes bläst ein starker Ventilator kalte

Luft aus einem Bodenrost nach oben. Die beiden halten ihre Röcke fest.

„Das ist die größte Angst in ihrem Leben", sagt Tig, „der Marilyn Monroe Effekt."

Abends sitze ich im Ginaree, schaue die Leute an, die vorbeikommen. Männer und Frauen, Farangs und Thais, Männer mit Frauen, manche auf dem Weg ins Hotel.

Ein sehr großer, sehr breiter Farang steuert auf sein Hotel zu, hinter sich her zieht er an der Hand ein sehr junges Mädel. See Eu? Ich erschrecke. Nein, das ist nicht See Eu, nicht die Freundin meiner Tochter, ich bin erleichtert. Sie sieht ihr nur sehr ähnlich, hat die gleiche zierliche Figur, die gleiche Art sich zu bewegen, das gleiche Alter, das gleiche Gesicht.

Und sie lässt sich von diesem fetten Riesen, der mindestens das vierfache ihres Gewichts auf die Wage bringt, ins Hotel ziehen.

„Sie hat nicht so viel Glück gehabt", würde Mai Lin sagen.